Heike Flecken-Schmidt, Dirk Overbeck, Markus Schajek

Industriekaufleute

3. Ausbildungsjahr

Arbeitsbuch

2. Auflage

Bestellnummer 57222

■ Bildungsverlag EINS
westermann

service@bv-1.de
www.bildungsverlag1.de

Bildungsverlag EINS GmbH
Ettore-Bugatti-Straße 6-14, 51149 Köln

ISBN 978-3-427-**57222**-0

westermann GRUPPE

© Copyright 2017: Bildungsverlag EINS GmbH, Köln
Das Werk und seine Teile sind urheberrechtlich geschützt. Jede Nutzung in anderen als den gesetzlich zugelassenen Fällen bedarf der vorherigen schriftlichen Einwilligung des Verlages.
Hinweis zu § 52a UrhG: Weder das Werk noch seine Teile dürfen ohne eine solche Einwilligung eingescannt und in ein Netzwerk eingestellt werden. Dies gilt auch für Intranets von Schulen und sonstigen Bildungseinrichtungen.

Vorwort

Liebe Schülerinnen und Schüler,
liebe Kolleginnen und Kollegen,

mit dem vorliegenden Arbeitsbuch wollen wir das vom Lehrplan geforderte **Lernen in vollständigen Lernhandlungen** unterstützen.

Strukturiert nach Lernfeldern finden Sie zu jedem Themenbereich **Lernsituationen**, welche die Umsetzung eines problem- und handlungsorientierten Unterrichts erleichtern und **selbstständiges schülerorientiertes Arbeiten** ermöglichen.

Zur besseren Orientierung sind die Lernsituationen lernfeldübergreifend durchnummeriert und die einzelnen Lernfelder farblich voneinander abgegrenzt. Die **Bezeichnung der Lernsituationen orientiert sich an der Gliederung im entsprechenden Lehrbuch** der Buchreihe, sodass Sie dem Lehrbuch problemlos ergänzende Informationen entnehmen können, wenn Sie dieses für notwendig erachten.

Neben Lernsituationen finden Sie in diesem Arbeitsbuch aber auch **ergänzende Übungen**, mit denen neu erworbenes Wissen angewendet und gefestigt werden kann. Besonders wichtig sind aber auch die **Kapitel der Prüfungsvorbereitung**, welche Sie am Ende eines jeden Lernfeldes finden. Hier kann überprüft werden, ob die wesentlichen Inhalte verstanden und ausreichend durchdrungen worden sind.

Das vorliegende Arbeitsbuch stellt eine **ideale Ergänzung zum entsprechenden Lehrbuch** der Buchreihe „Industriekaufleute" dar. Denkbar ist aber auch ein Einsatz des Arbeitsbuches in Kombination mit anderen Lehrbüchern, da die Lernsituationen, die ergänzenden Übungen und Aufgaben der Prüfungsvorbereitung auch unabhängig vom Lehrbuch lösbar sind.

Im vorliegenden **Band 3** sind enthalten:

Lernfeld 10: Absatzprozesse planen, steuern und kontrollieren
Lernfeld 11: Investitions- und Finanzierungsprozesse planen
Lernfeld 12: Unternehmensstrategien und -projekte umsetzen

Wir wünschen Ihnen viel Spaß und viel Erfolg bei der Nutzung dieses Arbeitsbuches!

Das Autorenteam

Inhaltsverzeichnis

LERNFELD 10	Absatzprozesse planen, steuern und kontrollieren	9

Lernsituation 1: Das Marketing als zentrale Unternehmensaufgabe verstehen 9

Lernsituation 2: Die Marktforschung als Grundlage von Marketingentscheidungen nutzen 10

Lernsituation 3: Marketing-Mix: Die absatzpolitischen Marketinginstrumente sinnvoll kombinieren 12

Lernsituation 4: Produktpolitik: Marktgerechte Leistungen anbieten 19

Lernsituation 5: Preis- und Konditionenpolitik: Preise festlegen und Konditionen gestalten 28

Lernsituation 6: Kommunikationspolitik: Den Kunden erreichen 36

Lernsituation 7: Distributionspolitik: Absatzwege optimieren 47

Lernsituation 8: Servicepolitik: Qualität durch Zusatzleistungen 55

Lernsituation 9: Projektorientiertes Marketing am Beispiel der Sommerfeld Bürosysteme GmbH: Die Markteinführung des „Ergo-Design-Natur" 59

Lernsituation 10: Das Absatzcontrolling unterstützen 63

Lernsituation 11: Kundenaufträge bearbeiten und bei Kaufvertragsstörungen angemessen reagieren 64

Lernsituation 12: Kalkulieren und Absatzprozesse dokumentieren 86

Lernsituation 13: Den Verbraucherschutz berücksichtigen 92

Lernsituation 14: Den Umweltschutz im Ein- und Verkauf berücksichtigen 93

Lernsituation 15: In der Fremdsprache Englisch kommunizieren 95

Aufgaben zur Prüfungsvorbereitung 98

LERNFELD 11	Investitions- und Finanzierungsprozesse planen	108

Lernsituation 16: Investitionen planen 108

Lernsituation 17: Statische Investitionsrechnungen durchführen 111

Lernsituation 18: Langfristige Finanzierungsarten beurteilen 114

Lernsituation 19: Finanzierungsalternativen prüfen 119

Lernsituation 20: Kreditsicherungsmöglichkeiten berücksichtigen 121

Lernsituation 21: Finanz- und Liquiditätsplanung beachten 122

Aufgaben zur Prüfungsvorbereitung 125

LERNFELD 12 — Unternehmensstrategien und -projekte umsetzen 129

Lernsituation 22: Ziele und Zielkonflikte in der Wirtschaftspolitik 129

Lernsituation 23: Stabilität des Preisniveaus 133

Lernsituation 24: Hoher Beschäftigungsstand 136

Lernsituation 25: Außenwirtschaftliches Gleichgewicht 139

Lernsituation 26: Stetiges und angemessenes Wirtschaftswachstum 141

Lernsituation 27: Konjunkturprozesse und Konjunkturindikatoren 143

Lernsituation 28: Fiskalpolitik als staatliche Wirtschaftspolitik 147

Lernsituation 29: Die Geldpolitik des Europäischen Systems der Zentralbanken (ESZB) 149

Lernsituation 30: Geschäftsprozesse mit Projekten steuern 155

Aufgaben zur Prüfungsvorbereitung 158

Unternehmensbeschreibung

1. Firma Geschäftssitz	Sommerfeld Bürosysteme GmbH Gladbecker Straße 85–91, 45141 Essen
2. Geschäftsjahr	1. Januar bis 31. Dezember
3. Bankverbindungen	Deutsche Bank Essen, **IBAN** DE96360700500025203488, **BIC** DEUTDEDEXXX Postbank Dortmund, **IBAN** DE81440100460286778341, **BIC** PNBKDEFF440
4. Produkte	diverse Büromöbel, unterteilt in die Produktgruppen 1 Warten und Empfang 2 Am Schreibtisch 3 Konferenz 4 Pause, Speisen, Aufenthalt
5. Kundengruppen	Bürofachhandel, Möbelhäuser, Banken, Versicherungen, Krankenhäuser
6. Handelswaren	Confair Flipchart faltbar, Confair Pinnwand, Bürobedarfsartikel
7. Maschinen und Anlagen	Drehmaschinen, Fräsmaschinen, Bohrmaschinen, Schleifmaschinen, Schweißgeräte, Lackierautomaten
8. Fertigungsarten	Einzelfertigung, Serienfertigung
9. Fertigungsorganisation	Fließfertigung, Gruppenfertigung

10. Stoffe und Teile
    Rohstoffe:
    Hilfsstoffe:
    Betriebsstoffe:
    Fremdbauteile:
	
	Span- und Tischlerplatten, Sperrholzplatten etc.
	Lacke, Beschichtungsmittel, Schrauben etc.
	Schmierstoffe, Fette etc.
	Stahlrohrgestelle, Glasplatten etc.

11. Beschäftigte	Mitarbeiter 231 davon Auszubildende 11
12. Arbeitstage	Montag bis Freitag, acht Stunden täglich im Einschichtbetrieb

13. Rechtsform und Gesellschaftsverhältnisse	GmbH
	Gesellschafter: Claudia Farthmann, Lambert Feld, Hartmut Sommer
	Stammkapital: 4 000 000,00 €
	Geschäftsanteil: Claudia Farthmann 1 000 000,00 €
	                 Lambert Feld 1 500 000,00 €
	                 Hartmut Sommer 1 500 000,00 €
	Geschäftsführer: Claudia Farthmann, Lambert Feld, Hartmut Sommer

Organigramm der Sommerfeld Bürosysteme GmbH

Geschäftsführung

Vertrieb und Marketing — Hartmut Sommer

Vertrieb — Peter Kraus
- Vertrieb Europa — Jana Bauer
- Vertrieb Amerika — Daniel Berger
- Lizenzen — Dave Gilbert
- Vertrieb Asien und Ozeanien — Mirella Brown
- Vertrieb Afrika — Mustafa Ergün

Public Relations — Erika Berg, Heinz Remmers
- Vertrieb Nord GmbH — Andreas Stock
- Vertrieb Mitte GmbH — Stefan Bohne
- Vertrieb Süd GmbH — Viktor Kuzow
- Vertrieb Ost GmbH — Daniela Niedlich
- Fabrikverkaufsladen (Factory Outlet) — Irene Grell

Objektplanung — Tim Smith, Udo Möller, Gerd Fust

Marketing — Roya Mehmet, Georgio Travlos, Sandra Braun

Allgemeine Verwaltung — Lambert Feld

Datenschutzbeauftragte — Stefanie Schwarz

- **Finanzen** — Peter Kurz, Jessica Lange
- **Personalbeschaffung und -einsatz** — Franz Krämer
- **Rechnungswesen** — Jens Effer
  - Fibu — Sonja Nolden, Yvonne Peters, Georg Lunau
  - Statistik — Hermann Witges, Christian Sust
  - Planung — Dirk Nelles, Manuel Sanchez
  - KLR — Jussuf Önder, Klaus Lage
- **Controlling** — Nicole Esser, Theo Bast
- **Informationssystem** — Petra Müller, Sascha Brass

Azubis
- Hera Dubowski — Industriekauffrau
- Daniela Schaub — Industriekauffrau
- Tülay Güvec — Industriekauffrau
- Nicole Ganser — Industriekauffrau
- Diana Feld — Industriekauffrau
- Heinrich Peters — Industriekaufmann
- Rudolf Heller — Industriekaufmann
- Siegfried Holl — Industriekaufmann
- Jörg Albers — Industriekaufmann
- Jan Fledder — Industriekaufmann
- Eleonore Dick — Bürokauffrau

Produktion und Beschaffung — Claudia Farthmann

Technische Leitung — Lothar Wolf
Betriebsratsvorsitzende — Ute Stefer

- Umweltbeauftragte — Petra Lauer
- Qualitätsbeauftragter — Werner Wolf
- Sicherheitsbeauftragte — Jutta Schindler
- Gefahrgutbeauftragte — Petra Lauer

Produktentwicklung — Rainer Kunze
- Aufgaben:
  - Produktbetreuung
  - Entwicklungswerkstatt, Holz, Polsterei, Metall
  - Projektteams

Logistik und Materialbeschaffung — Emilio Lanzetti
- Aufgaben:
  - Auftragsbearbeitung
  - Sonderanfertigung
  - Beschaffung
  - Fuhrpark
  - Materialeingangsprüfung
  - Materiallager
  - Materialausgabe
  - Versand

Produktion und kontinuierlicher Verbesserungsprozess — Horst Weselberg
- Aufgaben:
  - Produktionsorganisation
  - Profitcenter

Kundendienst — Murrat Öger
- Aufgaben:
  - Aufbau von Möbeln
  - Wartung
  - Garantie

Personalservice — Raffael Zorn
Ökologie — Martin Gruen

LERNFELD 10

Absatzprozesse planen, steuern und kontrollieren

Lernsituation 1: Das Marketing als zentrale Unternehmensaufgabe verstehen

Ausgangssituation: Marketing – Was ist das eigentlich?

Kurz nach den Sommerferien haben Daniela Schaub und Rudolf Heller einen Termin bei Hartmut Sommer, dem Geschäftsführer, der bei der Sommerfeld Bürosysteme GmbH für den Bereich „Marketing und Vertrieb" zuständig ist. „Sie wundern sich sicherlich, dass ich Sie zu mir ins Büro bestelle, aber mir ist es immer ein besonderes Anliegen, dass ich mit den Auszubildenden ein kurzes Gespräch führe, bevor sie bei uns die unterschiedlichen Vertriebsabteilungen durchlaufen. Sie kennen ja sicherlich den Spruch ‚Marketing ist nicht alles, aber ohne Marketing ist alles nichts!'." Rudolf antwortet: „Na klar. Ein Kumpel von mir sagt außerdem immer: ‚Drei Dinge sind für den Erfolg eines Unternehmens wichtig: 1. Werbung, 2. Werbung und 3. Werbung!'" Herr Sommer erwidert: „Ich fürchte, Ihr Freund erfasst nicht die ganze Komplexität der für den Unternehmenserfolg wichtigen Faktoren. Außerdem ist Marketing nicht gleich Werbung."

Arbeitsaufträge

1. Erläutern Sie, was durch den von Hartmut Sommer zitierten Satz „Marketing ist nicht alles, aber ohne Marketing ist alles nichts!" zum Ausdruck gebracht werden soll.

2. Recherchieren Sie unterschiedliche Definitionen des Begriffs „Marketing" und geben Sie dann mit eigenen Worten wieder, was Sie unter Marketing verstehen.

3. Erläutern Sie die Aussage „Marketing ist nicht gleich Werbung".

Lernsituation 2: Die Marktforschung als Grundlage von Marketingentscheidungen nutzen

Ausgangssituation I: Eine solide Datenbasis ist Grundlage aller Entscheidungen!

Andreas Stock, der in der Sommerfeld Bürosysteme GmbH für das „Vertriebsgebiet Nord" zuständig ist, bestellt Rudolf Heller und Daniela Schaub in sein Büro. „Die neuen Umsatzzahlen für Norddeutschland sind da und leider hat sich der Trend der letzten Jahre fortgesetzt. Unsere Situation ist zwar noch nicht besorgniserregend, aber so langsam müssen wir uns doch Gedanken machen, wie wir unsere traditionell starke Marktposition in Norddeutschland verteidigen. Ich bitte Sie, die Daten zunächst aufzubereiten, und wir treffen uns morgen um 9.00 Uhr bei mir im Büro zur Analyse. Dann sammeln wir Vorschläge, welche Maßnahmen wir nun ergreifen können."

Anbieter von Büromöbeln	Umsatz in €				
Jahr	20(0)	20(+1)	20(+2)	20(+3)	20(+4)
Aktuell Büro-Einrichtungen KG, Nürnberg	4 500 725,00	4 431 998,00	4 256 927,00	3 988 765,00	3 376 229,00
Fahrmeier GmbH, Biberach	3 455 670,00	3 348 776,00	3 228 486,00	2 996 539,00	2 474 439,00
Feld OHG, Bremen	12 556 300,00	12 154 990,00	11 587 551,00	10 603 054,00	9 283 457,00
NATURMÖBEL Öko-Design GmbH, Berlin	1 554 289,00	2 187 336,00	3 288 299,00	5 475 997,00	9 885 200,00
Otto Rompf GmbH, Halle	17 882 990,00	17 755 289,00	17 200 665,00	16 675 883,00	15 800 987,00
Sommerfeld Bürosysteme GmbH, Essen	14 955 500,00	14 558 927,00	14 050 271,00	13 500 876,00	12 950 673,00
Sonstige (40 kleinere Mitbewerber)	22 552 786,00	21 287 225,00	20 667 875,00	19 700 534,00	18 732 958,00
Gesamtmarkt (Norddeutschland)	77 458 260,00	75 724 541,00	74 280 074,00	72 941 648,00	72 503 943,00

Arbeitsaufträge

1 Analysieren Sie einzeln oder in arbeitsteiligen Kleingruppen die vorliegenden Umsatzzahlen, indem Sie
   a) die jeweilige prozentualen Umsatzänderung der einzelnen Anbieter sowie des Marktvolumens ermitteln;

Anbieter von Büromöbeln	Umsatzrückgang in %					
Jahr	20(0)	20(+1)	20(+2)	20(+3)	20(+4)	
Aktuell Büro-Einrichtungen KG, Nürnberg						
Fahrmeier GmbH, Biberach						
Feld OHG, Bremen						
NATURMÖBEL Öko-Design GmbH, Berlin						
Otto Rompf GmbH, Halle						
Sommerfeld Bürosysteme GmbH, Essen						
Sonstige (40 kleinere Mitbewerber)						
Gesamtmarkt (Norddeutschland)						

b) den jeweiligen Marktanteil der einzelnen Anbieter für alle Jahre ermitteln.

Anbieter von Büromöbeln	Marktanteil in %					
Jahr	20(0)	20(+1)	20(+2)	20(+3)	20(+4)	
Aktuell Büro-Einrichtungen KG, Nürnberg						
Fahrmeier GmbH, Biberach						
Feld OHG, Bremen						
NATURMÖBEL Öko-Design GmbH, Berlin						
Otto Rompf GmbH, Halle						
Sommerfeld Bürosysteme GmbH, Essen						
Sonstige (40 kleinere Mitbewerber)						
Gesamtmarkt (Norddeutschland)						

Nutzen Sie, falls möglich, ein Tabellenkalkulationsprogramm zur Aufbereitung Ihrer Ergebnisse.

2 Stellen Sie die Umsatzentwicklung der einzelnen Marktteilnehmer grafisch dar. Nutzen Sie hierfür ggf. ein Tabellenkalkulationsprogramm. Präsentieren Sie Ihre Grafik anschließend Ihren Mitschülern und beschreiben Sie die wesentlichen Änderungen bei der Umsatzentwicklung.

3 Erstellen Sie jeweils ein Kreisdiagramm für die Jahre 20(0) und 20(+4), indem Sie die Marktanteile der einzelnen Marktteilnehmer darstellen. Nutzen Sie hierfür ggf. ein Tabellenkalkulationsprogramm. Präsentieren Sie Ihre Grafik anschließend Ihren Mitschülern und beschreiben Sie die wesentlichen Änderungen bei den Marktanteilen.

4 Erläutern Sie, welche Art von Marktforschung die Sommerfeld Bürosysteme GmbH bis zu diesem Zeitpunkt betrieben hat, und beschreiben Sie, aus welchen Quellen die vorliegenden Daten stammen können.

5 Erläutern Sie, durch welche Instrumente die Sommerfeld Bürosysteme GmbH weitere wichtige Erkenntnisse gewinnen könnte.

Ausgangssituation II: Wissen, was die Kunden denken

Am folgenden Tag präsentieren Daniela Schaub und Rudolf Heller die von ihnen aufbereiteten Zahlen. Hartmut Sommer bedankt sich: „Das war sehr informativ. Vielen Dank! Aber nun müssen wir über unser weiteres Vorgehen sprechen."

Arbeitsaufträge

1 Beschreiben Sie mögliche nächste Schritte der Sommerfeld Bürosysteme GmbH. Orientieren Sie sich dabei an folgenden Begriffen:

> Kundenanalyse – Primärforschung (Field Research) – Marktanalyse/Marktbeobachtung

2 Erläutern Sie, warum und in welchem Ausmaß die Sommerfeld Bürosysteme GmbH eine Marktsegmentierung betreiben sollte.

3 Als eine erste Maßnahme plant die Sommerfeld Bürosysteme GmbH mittels einer Kundenbefragung herauszufinden, welche Produkteigenschaften bei Büromöbeln besonders wichtig sind. Finden Sie sich in Kleingruppen zusammen und erstellen Sie unter Zuhilfenahme der Informationen aus Ihrem Lehrbuch einen Fragebogen, den Sie anschließend Ihren Mitschülern vorstellen. Präzisieren Sie das Untersuchungsziel zunächst im Klassenverband und achten Sie darauf, dass Sie die Fragen sprachlich genau und verständlich formulieren.

Lernsituation 3: Marketing-Mix: Die absatzpolitischen Marketinginstrumente sinnvoll kombinieren

Ausgangssituation: Den Flughafen Köln/Bonn mit einem adressatengerechten Marketing-Mix ansprechen und als Neukunden gewinnen

Neue Projekte sind immer wieder spannend! Daniela Schaub und Rudolf Heller haben die Chance, von Beginn an bei einem neuen Projekt dabei zu sein. Der Flughafen Köln/Bonn hat eine Ausschreibung veröffentlicht, an der sich die Sommerfeld Bürosysteme GmbH beteiligen möchte. Konkret geht es darum, die Ausstattung des Flughafens modernen, zeitgemäßen Ansprüchen anzupassen. Von Konferenzräumen über Wartezonen bis hin zu den Aufenthaltsräumen der Mitarbeiter des Duty-free-Bereiches sind beinah alle Bereiche des Flughafens betroffen.
Ein Projekt, das nicht nur vielversprechend hinsichtlich des Auftragsvolumens ist und folglich die Position in der Branche verbessern könnte, sondern zudem einen enormen Imagegewinn einbringen könnte. Dadurch, dass das komplette Projekt unter dem Aspekt „Fortschritt und Nachhaltigkeit im Einklang mit der Umwelt" ausgeschrieben wird, werden zudem Parallelen zum

Unternehmensleitbild der Sommerfeld Bürosysteme GmbH geknüpft, die besonders gut zu bedienen sein sollten. Auf Anhieb scheint somit alles unter einem guten Stern zu stehen.

Die beiden Azubis haben von Hartmut Sommer den Auftrag erhalten, sich auf die Mitarbeit im Marketingteam vorzubereiten. Sie sollen sich über die notwendigen Zusammenhänge schlau machen und erste Gedanken sammeln, damit sie später kreativ mitarbeiten können.

Rudolf Heller erinnert sich, dass die Sommerfeld Bürosysteme GmbH vor ca. einem Jahr für ein vergleichbares Projekt in Frankfurt ein Marketing-Konzept ausgearbeitet hatte, aber seinerzeit war es nicht zum Abschluss gekommen. In der Kommunikation zwischen den Beteiligten gab es offenbar Abstimmungsschwierigkeiten, die zu Fehlern in der Konzeption geführt hatten. Dennoch greift Rudolf nach dem alten Ordner und macht sich gemeinsam mit Daniela schlau. Warum sollte man nicht aus alten Fehlern lernen können? In den Unterlagen finden sie ein paar Notizen, die sich ein Kollege, Herr Georgio Travlos, damals bei einem ersten Brainstorming auf seinen Block geschrieben hatte:

- Warum überhaupt?! Ziele klar machen: für Flughafen, alle Beteiligten, für uns
- Was soll passieren?/Marktforschung!!! Was will der Kunde überhaupt?
- Auftrags- bzw. Umsatzvolumen klären – über wie viel Geld reden wir hier?
- Budget für Marketing ableiten (Vorschlag für Herrn Sommer ausarbeiten)
- Wer ist eigentlich die Zielgruppe? (Oder sind es mehrere Interessengruppen?)
  - Wen wollen wir überzeugen?
  - Welche Ansprache wählen und wo/wie erreiche ich die Kontaktpersonen?
  - Möglichst viele Infos sammeln/was ist üblich, was ist besonders?
- Wer kümmert sich um was – Projekt-Team festlegen – EILT!!!
  - Projekt in PPS anlegen und erste Infos einpflegen
  - Einladung zum Start-Meeting entwerfen (Montag 16:00 Uhr)
  - Raum + Catering klären
  - Erste Infomappe zusammenstellen
  - Kapazitäten „Werbeagentur Peters" für die nächsten 2 Wochen abstimmen und ggf. frei blocken, dann Frau Peters zu erstem Projektmeeting einladen
- Welche Produkte können wir anbieten? Oder ggf. neue entwickeln?
  - Von Horst Weselberg Kapazitäten in der Produktion klären lassen
  - Rainer Kunze fragen, welche Produktideen er aktuell in petto hat
- Ggf. jetzt schon Anzeigen in Fachliteratur schalten, damit wir im Vorfeld wahrgenommen werden
- Soweit Zeit frei: Homepage anpassen (Kompetenz in Großprojekten betonen)
- Peter Kraus aus dem Vertrieb einbinden!
- Kontakt zu „Logistik Adler" aufnehmen, um Möglichkeit Supply-Chain zu klären
- Welcher Service ist in der Branche üblich, welchen davon können wir bedienen?
- Unbedingt mal persönlich zum Flughafen fahren und vor Ort ein Bild machen!

Arbeitsaufträge

1 Fassen Sie die Ausgangssituation in eigenen Worten zusammen und benennen Sie das Kernproblem, das in dieser Situation vorliegt. Was sollten die beiden Azubis Ihrer Meinung nach konkret tun, um bestmöglich vorbereitet zu sein.

Lernsituation 3

2 a) Beschreiben Sie den Weg, den Rudolf Heller geht, um sich auf die Mitarbeit im Marketingteam vorzubereiten. Worauf würden Sie achten, wenn Sie in seiner Situation wären?
   b) Überlegen Sie sich zunächst alleine, welche Fehler bei der letzten Ausschreibung dazu geführt haben könnten, dass es nicht zum Vertragsabschluss gekommen ist. Tauschen Sie sich anschließend mit Ihrem Tischnachbarn aus.

3 Ergänzen Sie auf einem separaten Blatt gemeinsam mit Ihrem Tischnachbarn Stichworte zu den folgenden Fragen, um sich eine gute Informationsgrundlage für weitere Entscheidungen zu verschaffen.
   a) Welche Ziele verfolgt die Abteilung „Marketing" mit der Teilnahme an der Ausschreibung und wie können diese Ziele den übergeordneten Unternehmenszielen der Sommerfeld Bürosysteme GmbH zuträglich sein?
   b) Notieren Sie zunächst alleine alle Beteiligten, die die Marketing-Abteilung bei der Erstellung ihres Konzeptes mit ihren jeweiligen Wünschen berücksichtigen sollte, und unterstreichen Sie die Beteiligten, die das Marketing als Zielgruppe besonders ins Auge fassen sollte. Gleichen Sie Ihr Ergebnis mit Ihren Klassenkameraden ab.
   c) Notieren Sie zunächst anhand Ihres Schulbuches die fünf möglichen Marketinginstrumente, die einem Unternehmen grundsätzlich zur Verfügung stehen. Ordnen Sie dann die genannten Maßnahmen den Instrumenten passend zu und prüfen Sie anschließend, welche Marketinginstrumente Herr Travlos in seinem ursprünglichen Brainstorming ins Auge gefasst hatte bzw. welches Instrument bislang außer Acht gelassen wurde.

4 Zielgruppen werden je nachdem, in welcher Beziehung man zu ihnen steht, mit unterschiedlichen Kriterien beschrieben.
   Im **B2C-Markt** nutzt man hierzu z. B.
   - soziodemografische Aspekte (Alter, Geschlecht, Einkommen, Familienstand, Bildungsgrad, Beruf, Wohnort etc.),
   - psychografische Merkmale (Einstellungen, Motive, Meinungen, Werte etc.),
   - Merkmale zum Kaufverhalten (Trendsetter, Preissensibilität, Qualitätsorientierung etc.).

   Im **B2B-Markt** nutzt man
   - organisatorische Aspekte (Rechtsform, Standort, Größe, Anzahl der Mitarbeiter etc.),
   - wirtschaftliche Aspekte (Wirtschaftszweig, Art der Leistung, Häufigkeit der Leistungserstellung, Fertigungsorganisation, Marktposition, Liquidität, Kapitalstruktur etc.),
   - Merkmale bzw. Charakteristika derjenigen Personen, die letztlich die Kaufentscheidungen für das Unternehmen treffen (hier wiederum soziodemografische u. psychografische Merkmale sowie Muster des geschäftlichen Kaufverhaltens, z. B. Zeitdruck, Lieferantentreue, Entscheidungsfreudigkeit, Innovationsbereitschaft etc.),
     a) Beschreiben Sie zu dritt in Kleingruppen den Flughafen Köln/Bonn bzw. den Verantwortlichen für den Bereich „Einkauf" im Flughafen Köln/Bonn sowie die typischen Fluggäste als anvisierte Zielgruppe der Sommerfeld Bürosysteme GmbH. Leiten Sie hieraus Wege ab, wie man sinnvoll mit dem Flughafen in Kontakt treten könnte (akquirieren).

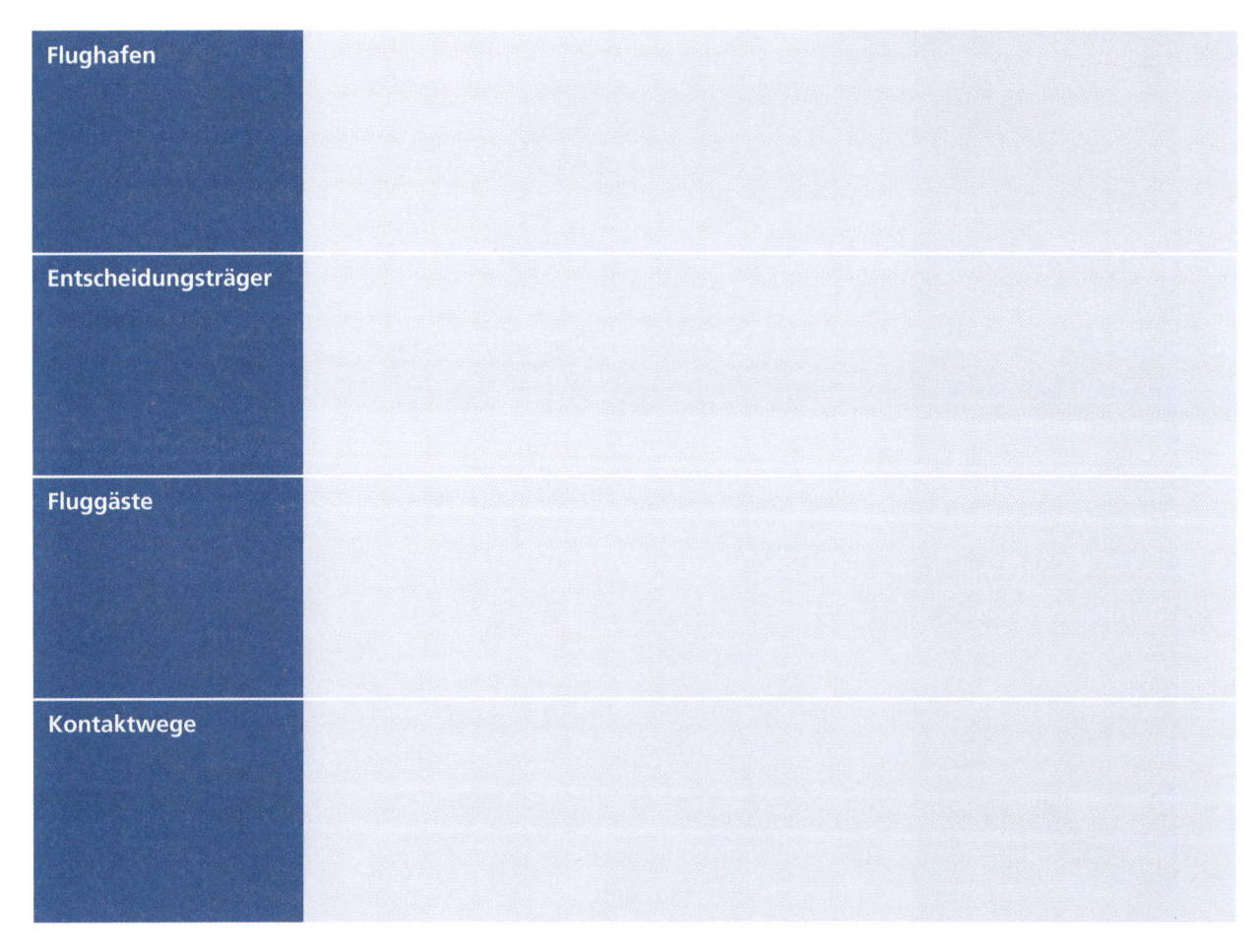

Flughafen	
Entscheidungsträger	
Fluggäste	
Kontaktwege	

b) In dem folgenden Kästchen werden mehrere Marketingmaßnahmen aus den fünf unterschiedlichen Marketing-Instrumenten genannt.

> Fertigung des *Bürostuhls Picto* als Muster in den Farben des Flughafens – halbseitige Anzeige vierfarbig im Managermagazin – Aktualisierung des Onlineshops – Erstbestuhlung der Wartehalle in Verbindung mit einer kostenlosen Entsorgung der bestehenden Sitzmöbel – Skonto 2% – Umgestaltung runder Konferenztische zu ovalen, samt Prägung mit dem Logo des Flughafens – Vertreterbesuche – unentgeltliche Imprägnierung aller neuen Sitzmöbel – Entwicklung neuer Sitzreihen speziell nach den ergonomischen Vorgaben des Flughafens – Beratung bei der Innenarchitektur der neuen Wartehallen – Einladung zur Internationalen Möbelmesse in Köln – Neukundenrabatt auf das Auftragsvolumen in Höhe von 3% – kostenlose Einrichtungsberatung – Versand des monatlichen Newsletters mit Hinweisen auf alle Produktlinien mit neuen ökologischen Standards – Einsatz von Handlungsreisenden – Übernahme der Transportkosten frei Haus – Erweiterung der Produktpalette um Barhocker – Beilage in der Fachzeitschrift „Reisen und mehr" – Ergänzung der Stuhlserie *Tubis* mit kostenfreien Lederpflegemittel

ba) Wählen Sie vor dem Hintergrund, den Auftrag unbedingt an Land ziehen zu wollen, eine geschickte Kombination aus mindestens vier Maßnahmen aus. Ordnen Sie zu diesem Zweck zunächst alle gegebenen Maßnahmen den jeweiligen Marketing-Instrumenten zu und treffen Sie dann eine Auswahl.

bb) Stimmen Sie Ihr Ergebnis mit Ihrem Nachbarn ab und einigen Sie sich auf eine gemeinsame Lösung. Tragen Sie Ihr Ergebnis den übrigen Klassenkameraden vor und begründe Sie hierbei die Wahl Ihres Marketing-Mix.

Lernsituation 3

Produktpolitik	
Preispolitik	
Kommunikations-politik	
Distributionspolitik	
Servicepolitik	

5 a) Vervollständigen Sie die nachstehenden Aussagen eigenständig, um Ihre Lernergebnisse zu sichern. Überprüfen Sie anschließend die Richtigkeit der Aussagen anhand einer Musterlösung.

- Aus den Marketing-_____ werden einzelne Maßnahmen ausgewählt und zu einem Marketing-_____ zusammengestellt.

- Der Marketing-Mix sollte so gewählt werden, dass die Ziele des _____ verwirklicht werden können.

- Jede Maßnahme des Marketing-Mix sollte auf die Bedürfnisse der _____ ausgerichtet sein.

- Die Maßnahmen eines Marketing-Mix sollten sorgsam aufeinander abgestimmt sein, damit sie sich in ihrer Wirkung _____.

b) Erstellen Sie eine individuelle Lernkartei (vgl. Methodenteil, Industriekaufleute, 1. Ausbildungsjahr – nach Lernfeldern, Lehrbuch S. 42 f.), indem Sie jeden neuen Fachbegriff auf der Vorderseite einer Karteikarten notieren, und ergänzen Sie auf der Rückseite die passende Beschreibung oder Definition für den Begriff. Sinnvolle Begriffe wären hier:

> Marketing-Ziele (und wie man sie gliedert) – Zielgruppe (und wie man sie beschreibt) – Marketing-Instrumente – Marketing-Mix – Bestandteile eines Marketing-Konzeptes

Ergänzende Übungen

1 a) Marketingziele sollen an Unternehmenszielen ausgerichtet werden. Vervollständigen Sie in der nachfolgenden Tabelle jeweils zwei möglichst konkrete Beispiele.

Ziele	Gesamtes Unternehmen	Marketing
Quantitativ		
Qualitativ		
Ökologisch		

b) Manche Ziele sind messbar (quantitativ), manche dagegen nicht (qualitativ). Wie könnte man das qualitative Ziel „Das Vertrauen der Kunden gewinnen" so umformulieren, dass es messbar wird? Überlegen Sie erst alleine, bevor Sie sich mit Ihrem Nachbarn austauschen.

2 Beschreiben Sie möglichst präzise die Zielgruppe der „breiten Masse".

3 Kreuzen Sie für die Maßnahmen 1 bis 5 an, welchen Marketing-Instrumenten sie zuzuordnen sind, und ergänzen Sie am Ende der Tabelle aus Ihrer bisherigen Erfahrung je eine weitere mögliche Maßnahme für die bereits angekreuzten Instrumente.

Maßnahme	Produktpolitik	Preispolitik	Kommunikationspolitik	Distributionspolitik	Servicepolitik
1. Neuer Vertriebskanal für alle gängigen Büromöbel per Online-Versandhandel					
2. Kostenlose Beratung bei der Gestaltung neuer Konferenzräume					
3. Konferenzstuhl *Confair* unter ergonomischen Gesichtspunkten verändern					
4. Teilnahme an der internationalen Möbelmesse in Köln					
5. Einführungsrabatt in Höhe von 3 % für Januar bis März					
6.		X			
7.			X		

Maßnahme	Produkt-politik	Preis-politik	Kommu-nikations-politik	Distribu-tions-politik	Service-politik
8.			X		
9.				X	
10.					X

4 In dem folgenden Marketing-Mix sind u. a. mit Blick auf die Zielgruppe Unstimmigkeiten enthalten. Finden Sie die Fehler und erläutern Sie, warum der Marketing-Mix nicht aufgehen kann.

> Zielgruppe: Trendsetter im Alter zw. 18–22 Jahren, Singles/Paare, mittleres Bildungsniveau, Einkommen zwischen 500,00 € bis 1 000,00 €/Monat, technikaffin, ohne besonderes Umweltbewusstsein, sportlich, an Neuem interessiert

Marketing-Instrument	Maßnahme
Produktpolitik	Produktinnovation: Federmäppchen mit integriertem Tablet-PC mit Touchscreen (10 x 7 cm), der für Internetrecherchen und als Taschenrechner genutzt werden kann (keine weiteren Funktionalitäten). Energiezufuhr per Akku/Solarzellen, …
Preispolitik	• Listenverkaufspreis: 165,00 € • Schüler- und Studentenrabatt gegen Vorlage eines adäquaten Ausweises
Kommunikationspolitik	• Beilagen in der Tageszeitung mit Coupon-Aktion • Anbindung an das Kundenkarten-System „Payback" • Anzeige in einer Fachzeitschrift als Gemeinschaftswerbung mit einem Anbieter von Solaranlagen • Sponsoring von Schülerzeitung (Druck und Papier) • Digitale Banner und Werbefilme
Distributionspolitik	• Aktionsware in Discountern wie z.B. Netto, Lidl, Aldi etc. • Vertreterbesuche • Promotion-Tour durch aktuelle Szenekneipen
Servicepolitik	• Kostenloser Füllfederhalter mit Sonderfeder für Kalligrafie • 3-Monats-Abo der Zeitschrift „Chip" mit Option auf günstigen Jahresvertrag

5 Bewerten Sie die Aussagen in der folgenden Tabelle mit einem „R", wenn sie richtig sind, und mit einem „F", wenn die Aussagen falsch sind. Korrigieren Sie die falschen Aussagen.

	Aussage	R/F	Korrektur
1	Ein gelungener Marketing-Mix besteht immer aus jeweils einer Maßnahme aus den fünf Marketing-Instrumenten.		
2	Die Maßnahmen aus den Marketing-Instrumenten dienen immer dazu, die Unternehmensziele zu erreichen.		

	Aussage	R/F	Korrektur
3	Es ist möglich, Produkte auch völlig ohne Marketing zu vermarkten.		
4	Der Marketing-Mix ist ein wesentlicher Bestandteil einer Marketing-Konzeption; er zeigt, wer erreicht werden soll.		
5	Um die Zielgruppe eines Industrieunternehmens zu beschreiben, muss man nur die Bedürfnisse der Endverbraucher kennen.		

Lernsituation 4: Produktpolitik: Marktgerechte Leistungen anbieten

Ausgangssituation: Me-too! Oder: Nachahmen ist keine Schande! Die Portfolio-Matrix als Basis für Sortimentsentwicklung

Rudolf Heller fällt beim Aussortieren alter Marketingunterlagen eine Portfolio-Matrix in die Hände.

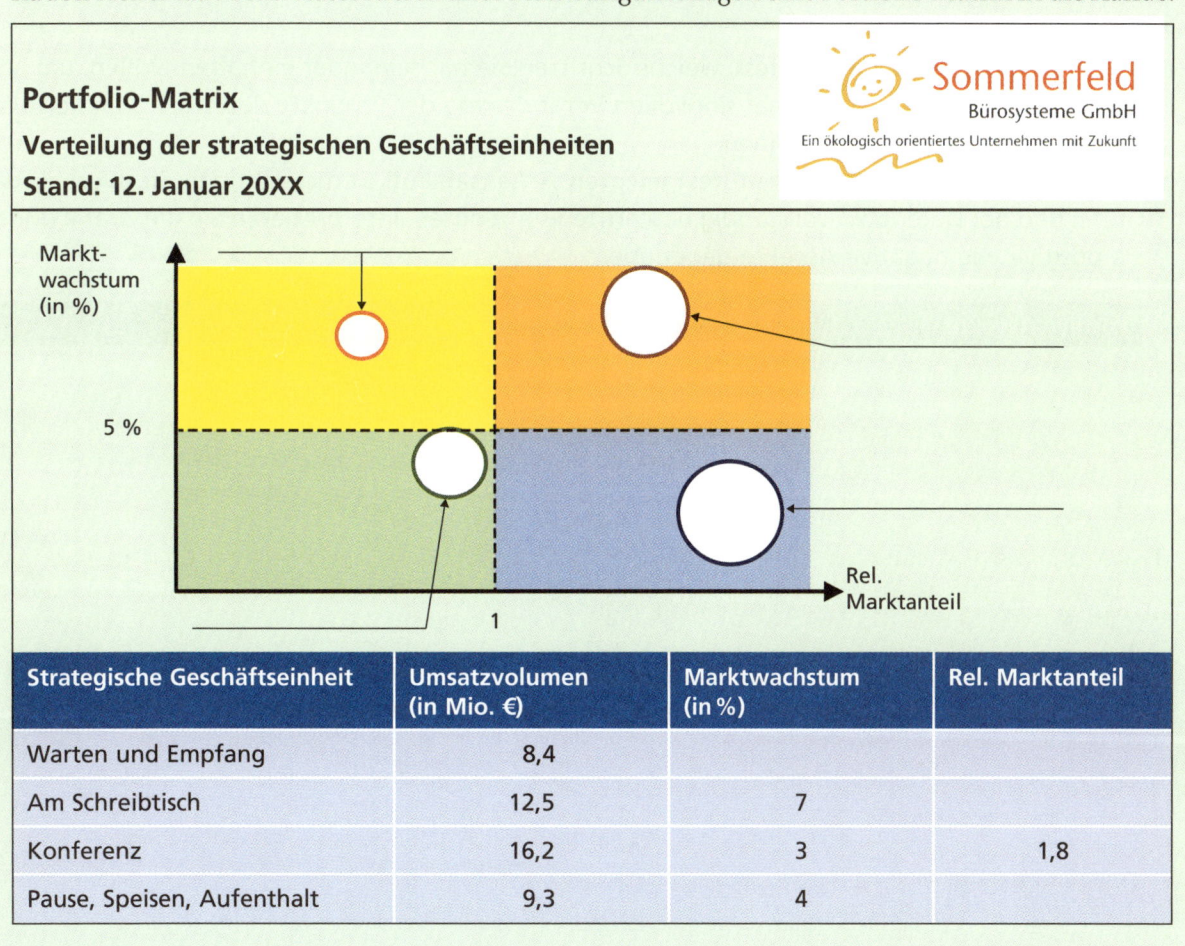

Portfolio-Matrix
Verteilung der strategischen Geschäftseinheiten
Stand: 12. Januar 20XX

Sommerfeld Bürosysteme GmbH
Ein ökologisch orientiertes Unternehmen mit Zukunft

Strategische Geschäftseinheit	Umsatzvolumen (in Mio. €)	Marktwachstum (in %)	Rel. Marktanteil
Warten und Empfang	8,4		
Am Schreibtisch	12,5	7	
Konferenz	16,2	3	1,8
Pause, Speisen, Aufenthalt	9,3	4	

Lernsituation 4

„Interessant", denkt er sich, „wie mag die Lage der Sommerfeld Bürosysteme GmbH wohl heute aussehen? Und welche Schlüsse zieht man aus solch einer Abbildung? Welche strategischen Geschäftseinheiten stecken hinter den einzelnen Kreisen? Schade, dass die Beschriftung unleserlich geworden ist und einige Daten nur noch schwer zu erkennen sind. Aber vielleicht können die Kollegen ja weiterhelfen!" Er nimmt sich vor, in der Mittagspause seinen Kollegen Udo Möller, der schon lange im Marketing arbeitet und für den Schwerpunkt „Objektplanung" verantwortlich ist, um Rat zu fragen. Eilig macht sich Rudolf Heller eine Kopie von den Daten und steckt sie sich in die Hosentasche. „Wer weiß, vielleicht kann ich so zu den geforderten Vorschlägen zur Erweiterung der Produktpalette beitragen, um die mich Herr Sommer gebeten hatte." Rudolf ist hoch motiviert und geht in die Pause.

Arbeitsaufträge

1 Erläutern Sie die Ausgangssituation und überlegen Sie, was die ursprünglichen Motive von Rudolf Heller gewesen sein könnten, sich die Portfolio-Matrix genauer ansehen zu wollen. Wozu könnte ihn Herr Sommer aufgefordert haben?

2 Setzen Sie sich gemeinsam mit Ihrem Tischnachbarn mit der Grafik und den Daten der Portfolio-Matrix auseinander.
   a) Legen Sie einen Arbeitsablauf fest, welche Schritten Sie nacheinander einhalten wollen, um am Ende aus der Grafik Aussagen zu einer sinnvollen Veränderung der Produktpalette der Sommerfeld Bürosysteme GmbH ableiten zu können.
   b) Folgen Sie in Partnerarbeit Ihrem festgelegten Arbeitsablauf. Berücksichtigen Sie hierbei, dass die Grafik und der Datenpool vollständig beschriftet sein sollten. Interpretieren Sie die Grafik und stellen Sie positive wie negative Aspekte gegenüber.

Positive Aspekte	Negative Aspekte

c) Leiten Sie aus Ihrer Gegenüberstellung Entscheidungen zu einer Erfolg versprechenden Veränderung des Absatzprogramms ab und machen Sie dabei Vorschläge
- zur Bereinigung,
- zur Erweiterung und
- zum Austausch.

Um eine Veränderung des Absatzprogramms vornehmen zu können, ist es sinnvoll, sich zunächst ein Bild vom aktuellen Portfolio der Sommerfeld Bürosysteme GmbH zu machen.

3 a) Erläutern Sie auf einem separaten Blatt, was man unter
- Sortimentsbreite,
- Sortimentstiefe,
- Sortimentserweiterung,
- Sortimentsaustausch,
- Sortimentsbereinigung

versteht.

b) Ergänzen Sie mithilfe Ihrer Definitionen die nachstehende Tabelle um je drei beliebige Beispiele für die Sommerfeld Bürosysteme GmbH. (An dieser Stelle kann auf die Erkenntnisse der Portfolio-Matrix verzichtet werden.)

Sortimentserweiterung durch mehr Sortimentsbreite	
Sortimentserweiterung durch mehr Sortimentstiefe	
Sortimentsbereinigung	

4 Notieren Sie eine typische Normstrategie, die beschreibt, wie man ein „Question Mark" zu einem „Star" entwickeln kann.

5 Herr Möller weist Rudolf Heller darauf hin, dass gesundheitliche Aspekte bei Sitzmöbeln seit gut zwei Jahren voll im Trend liegen und folglich Veränderungen des Absatzprogramms mit Blick auf Ergonomie und eine gesunde Sitzhaltung vielversprechend sind. Bilden Sie zu viert eine Kleingruppe und nutzen Sie eine beliebige Methode zur Ideenfindung (vgl. Methodenteil, Industriekaufleute, 1. Ausbildungsjahr – nach

Lernfeldern: Brainstorming, S. 31; Morphologischer Kasten, S. 33, oder nutzen Sie das Internet: 6-3-5-Methode).

a) Erfinden Sie einen neuen Stuhl, mit dem die Sommerfeld Bürosysteme GmbH entweder neue Produktsegmente oder neue Marktsegmente erschließen kann. Legen Sie in Anlehnung an Ihr Lehrbuch S. 47 wenigstens fünf Eigenschaften zur Produktgestaltung fest, um das Besondere an Ihrem Stuhl zu beschreiben.

b) Welche Überlegungen sollte die Sommerfeld Bürosysteme GmbH anstellen, bevor Sie den von Ihnen neu entwickelten Stuhl tatsächlich produzieren und auf dem Markt einführen würde.

c) Entscheiden Sie, ob es sich bei Ihrem Produkt um eine Produktinnovation oder eine Produktvariation handelt. Grenzen Sie beide Arten der Produktentwicklung voneinander ab.

d) Entscheiden Sie, ob durch das von Ihnen kreierte Produkt lediglich neue Produktsegmente oder zusätzlich auch neue Marktsegmente angesprochen werden. Nennen Sie die beiden Fachbegriffe, die für diese Arten der Absatzprogrammveränderung üblicherweise verwendet werden.

6 Frau Braun, Leiterin des Marketings, hat in Absprache mit der Geschäftsleitung entschieden, dass künftig neben der Bezeichnung der Produktlinie („Am Schreibtisch", „Konferenz" etc.) Dachmarken für die einzelnen strategischen Geschäftseinheiten eingeführt werden sollen. Überlegen Sie sich in Kleingruppen eine geeignete Dachmarke für die Produktfamilie „Pause, Speisen, Aufenthalt" und stellen Sie wenigstens drei Argumente zusammen, warum eine Dachmarken-Strategie für die Sommerfeld Bürosysteme GmbH sinnvoll sein könnte.

7 Das Marketing-Team hat von der Werbeagentur die folgenden Markennamen als Vorschläge erhalten: Lounge, vitra, P-A-S (für Pause, Aufenthalt, Speise), Oase 15, Siesta, SZ (Switch Zone), reLAX.

a) Entscheiden Sie, ob es sich hierbei um Namensgebungen aus dem Sprachvorrat oder um Wortschöpfungen handelt.

b) Führen Sie zwei Vorschläge für eine Dachmarke an, die aus dem Unternehmensnamen abgeleitet sind, und treffen Sie eine Entscheidung, ob die Dachmarke mit einem Logo verbunden werden sollte oder welche anderen Elemente zur Markenbildung hinzugezogen werden sollten.

8 Stellen Sie in Verbindung mit Ihrem Tischnachbarn Überlegungen an, warum es in der Möbelindustrie wenig sinnvoll ist, sich mit der Gestaltung einer Verkaufsverpackung zu beschäftigen, warum ein Zusatznutzen einer Verkaufsverpackung im Bereich von Lebensmitteln aber durchaus angemessen ist. Nennen Sie wenigstens fünf Produkte, bei denen Ihnen ein Zusatznutzen der Verpackung bekannt ist.

9 Überlegen Sie sich je ein Beispiel, wie die Sommerfeld Bürosysteme GmbH von den in der Tabelle aufgelisteten gewerblichen Schutzrechten Gebrauch machen könnte. Tauschen Sie sich dann mit Ihrem Nachbarn aus und vervollständigen Sie Ihre Ideen.

Gewerbliche Schutzrechte	Eigene Beispiele	Ergänzende Beispiele des Tischnachbarn
Patent		
Gebrauchsmuster		

Gewerbliche Schutzrechte	Eigene Beispiele	Ergänzende Beispiele des Tischnachbarn
Marke		
Geschmacksmuster		

10 Aus dem Vertrieb wurden die folgenden vier Vorschläge zur Verbesserung des Produktportfolios der Sommerfeld Bürosysteme GmbH eingebracht. Bewerten Sie die Vorschläge.
   1. Vermehrt in die strategische Geschäftseinheit „Konferenz" investieren, da hier die höchsten Umsätze erzielt werden und die Produkte von den Verbrauchern gut angenommen werden.
   2. Stuhl *Kendo* (aus der Einheit „Pause, Speisen, Aufenthalt") unverzüglich vom Markt nehmen, da weder Umsatz noch Marktanteile noch Marktpotenziale darauf hindeuten, dass sich der Abwärtstrend für diesen Stuhl stoppen lässt.
   3. Zunehmend Varianten für die Produkte des Segments „Am Schreibtisch" entwickeln, um die vielversprechende Marktlage noch besser ausnutzen zu können.
   4. Die Produktfamilie „Warten und Empfang" sollte mittelfristig aus dem Programm gestrichen werden, weil die Marktanteile im Vergleich zum Wettbewerb eindeutig zu gering sind.

11 a) Stellen Sie gemeinsam mit Ihrem Nachbarn kritische Überlegungen zu dem Modell der Portfolio-Matrix an und überlegen Sie, warum die Übertragung der Erkenntnisse in der Realität ggf. doch nicht so einfach erfolgen kann.
   b) Ergänzen Sie Ihre Lernkartei, die Sie bereits in der Lernsituation 3 begonnen haben. Sinnvolle Begriffe wären hier:

> Portfolio-Matrix – Normstrategie – Produktlebenszyklus – Produktgestaltung – Absatzprogramm – Sortimentstiefe – Sortimentsbreite – Sortimentserweiterung – Austausch/Relaunch/Modifikation – Sortimentsbereinigung – Produktelimination – Diversifikation – Differenzierung – Innovation – Variation – Markenstrategien – Verpackungsgestaltung – gewerbliche Schutzrechte

Ergänzende Übungen

1 Die Sommerfeld Bürosysteme GmbH hat sich entschieden, mit mehreren Produktneuerungen auf dem Markt aufzutreten. Einerseits ist geplant, für das Segment „Pause, Speisen, Aufenthalt" verschiedenste Barhocker zu entwerfen. Außerdem soll eine neue strategische Geschäftseinheit „Relax and Life-Balance" entwickelt werden. Hier werden bereits verschiedene Relax-Sessel und eine Massageliege entwickelt, die allerdings erst im übernächsten Jahr eingeführt werden sollen.

   a) Skizzieren Sie für die Barhocker und die Massageliege die fehlenden Umsatz- und Gewinnkurven für den Produktlebenszyklus (auf Basis beliebiger Prognosewerte). Achten Sie bei Ihrer Skizze darauf, dass die wesentlichen Unterschiede zwischen den beiden Produktlebenszyklen deutlich werden.

Produktlebenszyklus: Barhocker

Gewinn

Produktlebenszyklus: Massageliege

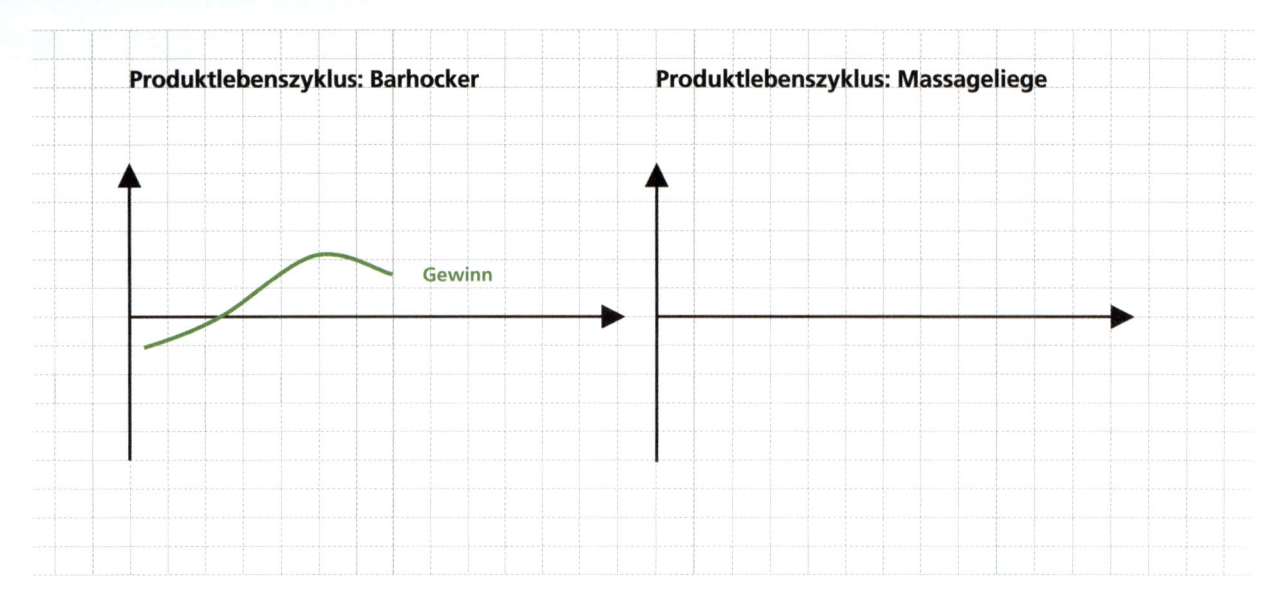

b) Listen Sie alle Unterschiede auf, die Sie bei der Darstellung beachtet haben, und begründen Sie Ihre Entscheidung.
c) Beschriften Sie die Achsen und Kurve.
d) Trennen Sie die Phasen im Produktlebenszyklus mit gestrichelten Linien ab und bezeichnen Sie anschließend die einzelnen Phasen.
e) Ergänzen Sie in der Tabelle, woran man den Übergang von einer Phase in die nächste erkennen kann.

Phase	Abgrenzung der Phase
Forschung & Entwicklung	
Markteinführung	
Wachstum	
Reife	
Sättigung	
Degeneration	

2 Grenzen Sie die Portfolio-Matrix vom Modell des Produktlebenszyklus im Hinblick auf die gegebenen Kriterien ab.

Kriterien	Produktlebenszyklus	Portfolio-Matrix
Betrachtungsgegenstand		
Betrachtungszeit		
Woraus leitet man ein strategisches Vorgehen ab?		
Messgrößen		
Visualisierung		
Ist ein Vergleich mit dem Wettbewerb möglich?		
Wird der Bezug zum eigenen Sortiment deutlich?		
Wie groß ist der Aufwand beim Erfassen der Daten u. Anlegen der Visualisierung?		
Modellkritik		

3 Herr Sommer hat von der sogenannten Positionierungsstrategie erfahren. Hierbei erstellt man mittels eines Achsenkreuzes vier Felder. Die Achsen werden mit Merkmalen beschriftet, die zueinander gegenläufig sind, z. B. „preiswert" vs. „hochpreisig". Dann legt man die Positionen aller Wettbewerber in dem Achsenkreuz fest und versucht Nischen zu entdecken, in denen wenig oder kein Wettbewerb herrscht. In diesem Segment könnte sich ein Industrieunternehmen positionieren und sein Alleinstellungsmerkmal betonen.

a) Entwerfen Sie für die Sommerfeld Bürosysteme GmbH eine geeignete Positionierungsstrategie anhand der Merkmale „Preis" und „Umweltorientierung". Zeichnen Sie die folgenden Wettbewerber ein und ergänzen Sie die Sommerfeld Bürosysteme GmbH.

Ikea – Hülsta – Möbelwerk Svoboda – Rolf Benz – Der Möbelking – Freie Holzwerkstatt – Schäfer & Co KG – Feld OHG – Otto Rompf – ABE KG

Positionierungsstrategie

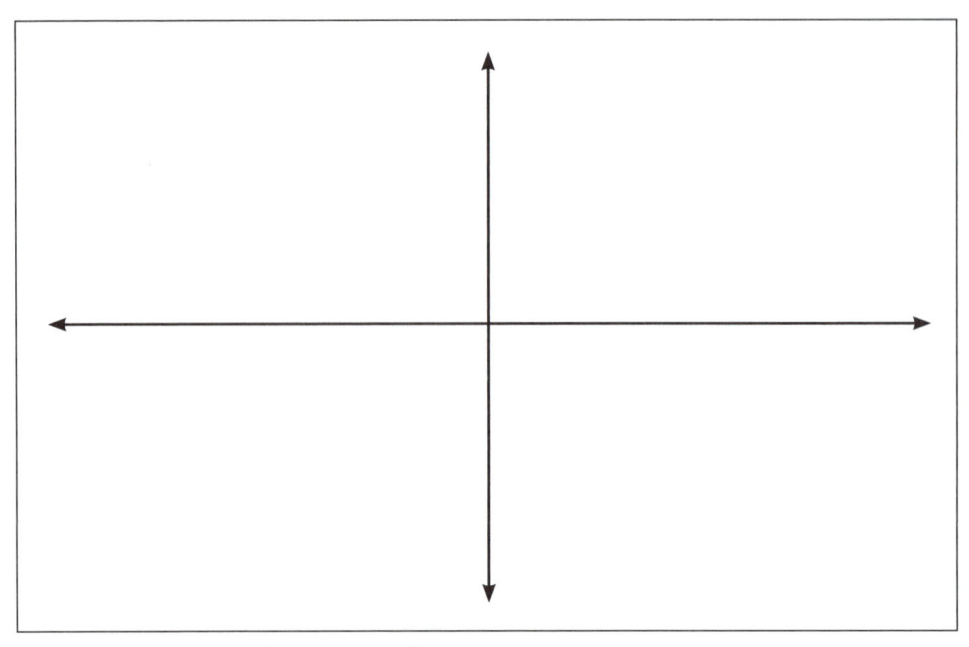

b) Leiten Sie aus dieser Darstellung Erkenntnisse ab.

4 Nennen Sie wenigstens drei Gründe, warum es sinnvoll sein kann, dass ein Markenname geschützt wird.

5 Die Sommerfeld Bürosysteme GmbH möchte für eine Sonderaktion ihre Büromöbel mit Produkten aus dem Bereich „Büroorganisation" ergänzen. Sie haben zu diesem Zweck Kontakt zum Großhändler „Paper & Pencil KG" aufgenommen. Erklären Sie die Begriffe und ergänzen Sie für jede Verpackungsart je ein Beispiel. Nennen Sie dabei jeweils das Produkt und die Verpackung, wie z. B. Flasche für Coca Cola.

Notwendige Verpackung	
Zusätzliche Verpackung	

6 An Transport, aber auch Verkaufsverpackungen werden hohe Anforderungen gestellt. Nennen Sie vier Eigenschaften, die eine Verpackung aus Sicht der Sommerfeld Bürosysteme GmbH unbedingt haben sollte.

7 Gestalten Sie zur Vorbereitung auf Ihre Klausur einen Spickzettel über die Inhalte der Produktpolitik. Beachten Sie:
- dass der Spickzettel nicht größer sein sollte als eine viertel Seite;
- Sie mit Farben eine geplante, systematische Gestaltung sinnvoll unterstützen können;
- ein Bild besser gelernt werden kann als reiner Fließtext: Setzen Sie also zur besseren Visualisierung Rähmchen, Kreise, Pfeile, Schlängellinien etc.;
- Ihr Spicker später ggf. noch ergänzt werden muss: Lassen Sie also Platz für Notizen.

8 Bewerten Sie die Aussagen in der folgenden Tabelle mit einem „R", wenn sie richtig sind, und mit einem „F", wenn die Aussagen falsch sind. Korrigieren Sie die falschen Aussagen.

	Aussage	R/F	Korrektur
1	Für Innovationen gibt es viele Produktalternativen auf dem Absatzmarkt.		
2	Ein Absatzprogramm mit wenig Varianten gilt als schmales Sortiment.		
3	Innovationen können sowohl die Sortimentsbreite als auch die Sortimentstiefe erweitern.		
4	Auf eine Innovation muss immer ein Patent angemeldet werden, damit sie als Innovation gilt.		
5	Die Gefahr der Dachmarke besteht darin, dass Produkte negativ aufeinander abfärben können.		
6	Jeder Hersteller ist verpflichtet, die Verkaufsverpackungen zurückzunehmen.		
7	Jeder Hersteller ist verpflichtet, die Transportverpackungen zurückzunehmen.		
8	Es ist möglich, dass ein Produkt mit einer notwendigen und einer zusätzlichen Verpackung verkauft wird.		
9	Jede Verpackung mit Zusatznutzen muss folglich auch eine zusätzliche Verpackung sein.		
10	Die Dauer des Patentschutzes für ein Patent beträgt maximal 20 Jahre (ab dem Anmeldetag des Patents). Allerdings muss man über die gesamte Laufzeit die Jahresgebühren bezahlen.		

Lernsituation 5: Preis- und Konditionenpolitik: Preise festlegen und Konditionen gestalten

Ausgangssituation: Der Preis, das Zünglein an der Waage!

Kürzlich wurde eine Unternehmensberatung damit beauftragt, eine komplexe Studie durchzuführen, um mit neutralem Blick die komplette Produktpalette der Sommerfeld Bürosysteme GmbH auf den Prüfstand zu stellen. Es sollten neue Potenziale aufgespürt und jegliche Fehlentwicklungen im Marketing analysiert werden. Zudem sollten entsprechende Verbesserungsvorschläge entwickelt werden, um negativen Entwicklungen zügig gegensteuern zu können. Ein Ergebnis der Studie bestand darin, dass es für die Sommerfeld Bürosysteme GmbH ggf. lohnenswert sein könnte, eine neue Produktlinie im Bereich „Gesundheit und Entspannung" zu implementieren. Hierbei würde die Sommerfeld Bürosysteme GmbH absolutes Neuland betreten!

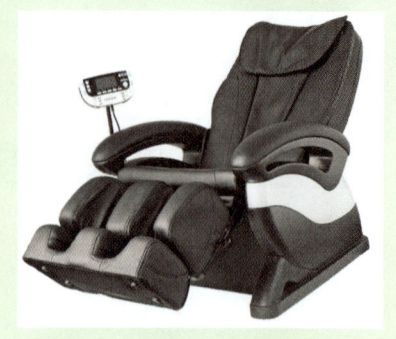

Chillax

Herr Sommer hat darum gebeten, zunächst auf Basis erster Vorgaben aus der Produktentwicklung für einen Relax-Sessel mit Massagefunktion einen groben Handlungsspielraum für preispolitische Maßnahmen zu bestimmen. Zu diesem Zweck soll Rudolf Heller zuerst alle Bestimmungsgrößen für den Preis zusammenstellen. Er soll zudem Preisunter- sowie Preisobergrenzen festsetzen und letztlich einen ersten Vorschlag unterbreiten, welcher Absatzpreis in Verbindung mit welchen Konditionen tatsächlich auf dem Markt umsetzbar wäre. Der neue Massagesessel, der zunächst noch unter dem Arbeitstitel *„Chillax"* geführt wird, macht Rudolf eine Menge Arbeit.

Arbeitsaufträge

1 Rudolf Heller sieht offenbar Arbeit auf sich zukommen. Fassen Sie zusammen, mit welchen Aufgaben sich Rudolf beschäftigen soll, um die Preisfindung für den Massagesessel *Chillax* optimal vorzubereiten. Ergänzen Sie die Überlegungen aus der Ausgangssituation mit Ihren eigenen Ideen.

2 a) Überlegen Sie, wo Rudolf Heller die benötigten Informationen für die Preispolitik in Erfahrung bringen kann bzw. mit wem er unbedingt zusammenarbeiten sollte, um die Daten zu gewinnen. Stellen Sie Ihre Ergebnisse tabellarisch dar und überprüfen und vervollständigen Sie Ihre Liste, indem Sie sich mit Ihren Klassenkameraden austauschen.

Information	Quelle/Ansprechpartner

Information	Quelle/Ansprechpartner

b) Orientiert man sich mit seiner Preisfindung an klassischen Preisstrategien, so könnte sich die Sommerfeld Bürosysteme GmbH für eine von folgenden drei Strategien entscheiden:
- eine Hochpreisstrategie,
- eine Strategie der Preisüberbietung oder gar für
- eine Strategie der Preisführerschaft.

Erläutern Sie diese drei Strategien und erklären Sie hierbei, was alle Strategien gemeinsam haben bzw. wie sich die Strategien mit Blick auf Zeit und Wettbewerb voneinander unterscheiden.

3 Tragen Sie anhand der folgenden Tabelle innerbetriebliche und außerbetriebliche Einflussgrößen der Preisgestaltung zusammen. Arbeiten Sie erst alleine und ergänzen Sie dann im Austausch mit Ihrem Tischnachbarn weitere Ideen.

Einflussgrößen auf die Preisbildung	
außerbetriebliche Einflussgrößen	innerbetriebliche Einflussgrößen

4 Kalkulieren Sie für den Massagesessel „Chillax" einen Absatzpreis unter Beachtung der gegebenen Eckdaten:
- Fertigungsmaterial 500,00 €
- Fertigungslöhne 800,00 €
- MGK 15 %
- FGK 65 %
- Vw/VtGK 5 %
- Einführungsrabatt für den Kunden 4 %
- handelsübliches Skonto 2 %
- Gewinnzuschlag 12 %

Ergänzen Sie das Kalkulationsschema, kalkulieren Sie den Listenverkaufspreis und legen Sie dann unter dem Aspekt einer psychologischen Preisstellung einen endgültigen Absatzpreis fest.

	%	Wert in €
Fertigungsmaterial		500,00
+ MGK	15	75,00
= Materialkosten		575,00
Fertigungslöhne		800,00
+ FGK	65	520,00
= Fertigungskosten		1.320,00
= Herstellkosten		1.895,00
+ Vw/VtGK	5	94,75
= Selbstkosten		1.989,75
+ Gewinn	12	238,77
= Barverkaufspreis		2.228,52
+ Skonto	2	45,48
= Zielverkaufspreis		2.274,00
+ Rabatt	4	94,75
= Listenverkaufspreis		2.368,75

Psychologische Preisfestlegung:

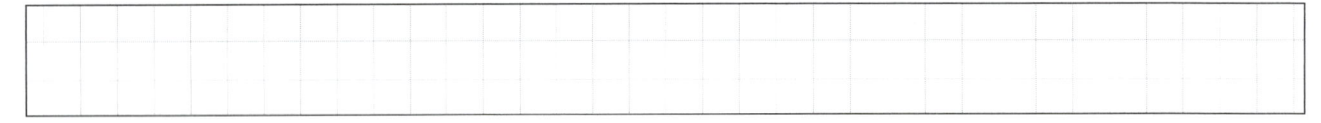

5 Herr Sommer ist mit der Vorgabe des Listenverkaufspreises nicht einverstanden, weil er befürchtet, dass der Absatzpreis nicht wettbewerbsfähig ist. Finden Sie Wege, um die Absatzpreise zu senken und trotzdem gleichzeitig die Selbstkosten weiter zu decken.

6 Listen Sie mindestens fünf Vorschläge auf, wie die Sommerfeld Bürosysteme GmbH im Rahmen der Preis- und Konditionenpolitik für den Massagesessel „Chillax" Wettbewerbsvorteile erzielen kann.

7 Rudolf Heller weiß, dass es neben einer kostenorientierten Preisfindung unumgänglich ist, die Nachfrager mit ihrer Bedürfnisstruktur und Kaufkraft im Auge zu behalten. Dennoch hat Frau Braun ihn gebeten, sich bei der Festlegung des Preises im Fall des Massagesessels „Chillax" vornehmlich am Wettbewerb zu orientieren. Sie ist der Meinung, dass man gerade als Neuling in der Branche hieraus Vorteile ziehen kann. Listen Sie drei Vorteile auf, warum es sinnvoll sein kann, sich mit den eigenen Preisen an der Konkurrenz zu orientieren.

8 Recherchen über das Marktsegment der Massagesessel haben gezeigt, dass der Preis für den geplanten Massagesessel „Chillax" bei 2 200,00 € liegen sollte. Das scheint Herrn Sommer aber auf Anhieb zu niedrig zu sein, da die Fixkosten bei 2,4 Mio. € und die variablen Stückkosten bei 1 980,00 € liegen. Er lässt deshalb anhand der Break-even-Analyse kalkulieren, wie hoch die Absatzmenge sein müsste, um bei einem Preis von 2 200,00 € dennoch Gewinne zu erwirtschaften.

a) Helfen Sie Rudolf Heller bei der Berechnung des Stückdeckungsbeitrags und der Gewinnschwelle und skizzieren Sie Ihre Ergebnisse grafisch.

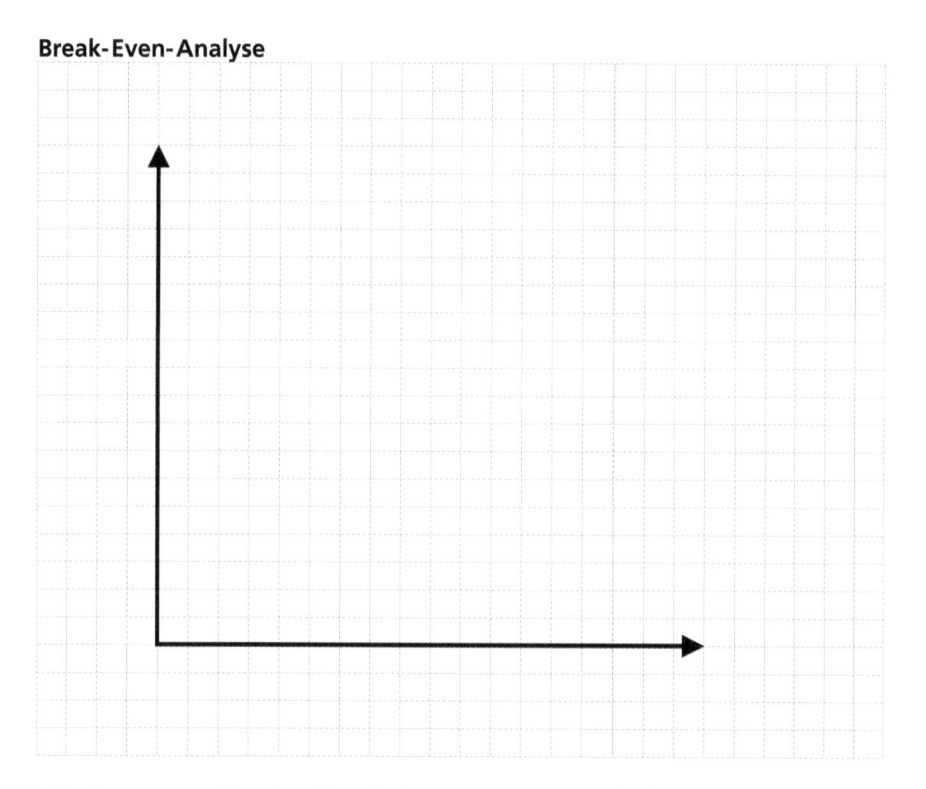

Stückdeckungsbeitrag:

Gewinnschwelle:

Break-Even-Analyse

b) Wie bewerten Sie das Ergebnis, wenn im Durchschnitt monatlich voraussichtlich 500 Massagesessel abgesetzt werden könnten?

9 Angenommen, für den neuen Massagesessel soll eine breite Preisdifferenzierung festgesetzt werden. Klären Sie zunächst, unter welcher Voraussetzung eine preisliche Differenzierung für ein und dasselbe Produkt überhaupt möglich ist, und finden Sie dann je zwei Möglichkeiten, wie die Sommerfeld Bürosysteme GmbH den Preis für den Massagesessel zeitlich, räumlich und personell sinnvoll differenzieren könnte.

Voraussetzung:

Preisdifferenzierung:

Zeitliche Differenzierung	
Räumliche Differenzierung	
Personelle Differenzierung	

10 Wenn Rudolf Heller dem Marktforschungsinstitut „IRI GmbH" aus Düsseldorf Glauben schenken kann, dann reagieren die Kunden ausgehend von einem Preis von 2 375,00 € bereits dann äußerst sensibel, wenn eine Preissenkung von mehr als 150,00 € vorgenommen wird. Bei dieser Preisstellung wäre es denkbar, der Konkurrenz Käufer abzuwerben und Marktanteile zu gewinnen. Genauso empfindlich reagieren Käufer allerdings auch auf Preissteigerungen ab 100,00 €, bei der Käuferschichten ohne Zweifel an den Wettbewerb verloren gehen. Diese Information will Rudolf für die Kollegen grafisch aufbereiten. Skizzieren Sie den Verlauf der Absatzfunktion, achten Sie auf eine Beschriftung der Koordinatenachsen und tragen Sie die Preiselastizitäten in die Grafik ein.

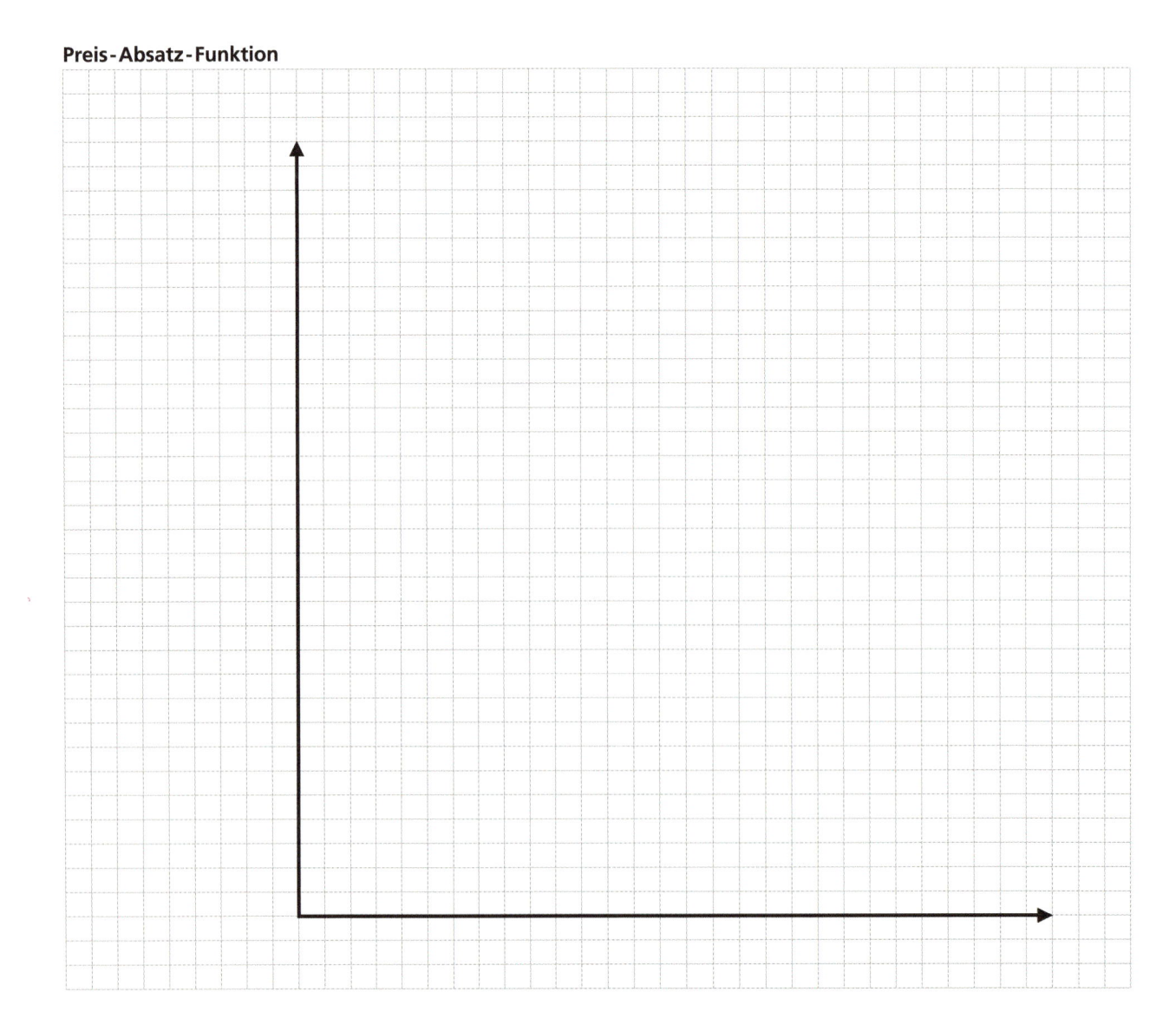

Preis-Absatz-Funktion

11 In der Praxis ist es üblich, Verkaufspreise in Abhängigkeit von den Kosten zu kalkulieren. Nennen Sie wenigstens drei Gründe, warum diese Preise ggf. doch nicht auf dem Absatzmarkt umgesetzt werden können.

12 a) Bilden Sie sich eine eigene Meinung, ob bzw. wann (oder unter welchen Umständen) der Preis für Sie das kaufentscheidende Kriterium ist und wie es einem Anbieter gelingen kann, Ihren Zuspruch anders als über einen (günstigen) Preis zu erhalten. Sammeln Sie Argumente und diskutieren Sie Ihre Ansichten in Kleingruppen.

b) Ergänzen Sie Ihre Lernkartei, die Sie bereits in der Lernsituation 3 begonnen haben (Fachbegriffe auf der Vorderseite einer Karteikarte notieren, passende Beschreibung oder Definition für den Begriff auf der Rückseite). Sinnvolle Begriffe wären hier:

> Preisstrategien – Einflussgrößen auf die Preisfindung – kostenorientierte Preisbildung – nachfragerorientierte Preisbildung – konkurrenzorientierte Preisbildung – Target-Pricing – Mischkalkulation – Konditionenpolitik – Rabatte und Zuschläge – Brutto- und Nettopreisstellung

Ergänzende Übungen

1 In der Tabelle finden Sie in Abhängigkeit von der Zielgruppe erste Vorgaben zur Produktpolitik. Stellen Sie Überlegungen an, welche Maßnahmen Sie in der Preispolitik grundsätzlich einbinden könnten, um den Marketing-Mix stimmig zu ergänzen.

Zielgruppe	Produktpolitik	Preispolitik
● Kitas ● Kindergärten ● Grundschulen ● etc. (Kinder als Endverbraucher)	Bürostühle in kindgerechten Maßen, Farben, Materialien unter der Dachmarke „4 Kidz"	

2 Erläutern Sie, was man unter einer Mischkalkulation versteht und wann sie für die Sommerfeld Bürosysteme GmbH sinnvoll erscheinen kann. Wie stehen Sie persönlich dazu, Produkte über eine Mischkalkulation vertreiben zu wollen?

3 Die variablen Stückkosten gelten als kurzfristige Preisuntergrenze, die langfristige Preisuntergrenze wird dagegen von den Selbstkosten bestimmt. Erläutern Sie die Zusammenhänge und erklären Sie, warum es trotzdem nicht reichen kann, die Selbstkosten dauerhaft als Preisuntergrenze anzusetzen.

4 a) Im Rahmen der angedachten Sortimentserweiterung im Bereich „Gesundheit und Entspannung" wird überlegt ein Stehpult „Office Plus" neu in das Sortiment aufzunehmen. Sie sollen einen Vorschlag für einen Verkaufspreis entwickeln, mit dem der Vertrieb später an den Fachhandel herantreten soll. Kalkulieren Sie auf Basis des Ihnen bekannten Kalkulationsschemas einen Listenverkaufspreis. Berücksichtigen Sie folgende Vorgaben:

Fertigungsmaterial:	220,00 €	Material-GK:	15 %
Fertigungslöhne:	150,00 €	Fertigungs-GK:	80 %
Einführungsrabatt	10 %	Verwaltungs-GK:	4 %
Skonto	2 %	Vertriebs-GK	5 %
Gewinnzuschlag	20 %		

b) Angenommen Sie stellen fest, der Marktpreis beträgt im Durchschnitt 750,00 €, sodass Sie mit einer psychologischen Preisstellung von 749,00 € an Ihre Vertriebspartner aus dem Handel herantreten wollen. Das Controlling bzw. die Produktion bestehen aber auf Einhaltung der bisher kalkulierten Selbstkosten sowie dem üblichen Kundenskonto und Gewinnzuschlag. Bestimmen Sie den Kundenrabatt, den Sie den Vertriebsmitarbeitern maximal zugestehen können, damit das Stehpult dennoch auf dem Markt angeboten werden kann.

5 Bei der Zuschlagskalkulation gelangt man ausgehend von den Selbstkosten zum Verkaufspreis für ein Produkt. Im Gegensatz dazu geht man beim Target-Pricing von einem Marktpreis aus und passt die Selbstkosten entsprechend an. Formulieren Sie für beide Vorgehensweise Fragestellungen zu den kritischen Aspekten, die Sie bei der endgültigen Preisfestlegung berücksichtigen würden.

6 In der Grafik wir die Entwicklung der Verbraucherpreise dargestellt. Beschreiben und interpretieren Sie die Darstellung und leiten Sie hieraus eine Erkenntnis für die Sommerfeld Bürosysteme GmbH ab.

Die Entwicklung der Preise

Anstieg der Verbraucherpreise jeweils gegenüber dem Vorjahresmonat in Prozent

Veränderung Februar 2017 gegenüber Februar 2016 in Prozent

Preistreiber im Februar*
leichtes Heizöl +43,8 %
Kraftstoffe +15,6 %
Gemüse +21,0 %

Werte 2016/2017: 0,0; 0,3; -0,1; 0,1; 0,3; 0,4; 0,4; 0,7; 0,8; 0,8; 1,7; 1,9; 2,2

Verkehr, Auto, öffentl. Nahverkehr: +5,0
Nahrungsmittel, Getränke: +4,1
Alkohol, Tabakwaren: +2,3
Beherbergung, Gaststätten: +2,0
Freizeit, Unterhaltung: +1,9
Wohnung, Strom, Wasser u.a.: +1,9
Gesundheitspflege: +1,8
Bildungswesen: +1,2
Bekleidung, Schuhe: +0,5
andere Waren u. Dienstleistungen: +0,3
Einrichtung, Haushaltsgeräte: +0,1
Nachrichtenübermittlung: -0,9

Quelle: Statistisches Bundesamt   *Auswahl   dpa•26404

7 Der Vertrieb der Sommerfeld Bürosysteme GmbH will zunehmend eine Umstellung auf Bruttopreisstellungen, weil man so sowohl den Stammkunden als auch den Neukunden gerecht werden kann. Vor dem Hintergrund einer klaren Kundenorientierung sei kein anderes Preisstellungssystem zeitgemäß.
   a) Erklären Sie, was man unter einer Bruttopreisstellung versteht und welchem Preissystem dieses Vorgehen entgegensteht.
   b) Nehmen Sie Stellung zu der Aussage des Vertriebs und führen Sie Gründe an, die die Aussage belegen oder widerlegen.

8 Überlegen Sie sich gemeinsam mit Ihrem Tischnachbarn eine geeignete Klausuraufgabe zum Thema Preispolitik. Erarbeiten Sie neben der Aufgabenstellung eine vollständige Musterlösung und geben Sie beides Ihrer Lehrkraft ab.

9 Bewerten Sie die Aussagen in der folgenden Tabelle mit einem „R", wenn sie richtig sind, und mit einem „F", wenn die Aussagen falsch sind. Korrigieren Sie die falschen Aussagen.

	Aussage	R/F	Korrektur
1	Die Preisuntergrenze wird durch die Nachfrager und die betrieblichen Kosten begrenzt, während die Preisobergrenze durch den Wettbewerb beeinflusst wird.		
2	Die Preise der Absatzmärkte bilden sich ausschließlich durch Angebot und Nachfrage.		
3	Bei der Preisstrategie „Skimming" (Abschöpfungsstrategie) werden die Preise sukzessive gesenkt, um mehr Nachfrager gewinnen zu können.		
4	Ein Trick, um einen angemessenen Preis kalkulieren zu können, besteht darin, die Inhaltsmenge zu variieren.		
5	Reagieren Kunden äußerst sensibel auf Preissteigerungen und kaufen folglich erheblich weniger Menge ein, spricht man von unelastischen Märkten.		
6	Variable Stückkosten bilden die kurzfristige Preisuntergrenze, der Deckungsbeitrag dagegen die langfristige.		
7	Beim Target-Pricing geht es darum, die Selbstkosten so anzupassen, dass ein gegebener Gewinn erzielt werden kann.		
8	Bei einer Mischkalkulation werden die Kosten für Rohstoffe verschiedener Produkte gemischt und als Durchschnittswerte verwendet.		
9	Die Liefer- und Zahlungsbedingungen bieten wertvollen Spielraum für die Grobsteuerung der Absatzpreise.		
10	Bei der Valutierung wird eine Rechnung auf einen späteren Zeitpunkt datiert.		

Lernsituation 6: Kommunikationspolitik: Den Kunden erreichen

Ausgangssituation: Schweigen ist Silber und Reden ist Gold! Nichts geht ohne Kommunikationspolitik

Daniela Schaub hat am Wochenende in der Zeitschrift „Schicker Wohnen" einen interessanten Artikel über Möbelrecycling gelesen und ist ganz überrascht, dass auch Frau Braun diesem Trend offenbar eine Menge abgewinnen kann.

Sandra Braun: „Es ist noch nicht ganz offiziell, aber Herr Sommer hat meinem Konzept bereits zugestimmt, dass wir künftig für die Sommerfeld Bürosysteme GmbH auf Möbelrecycling setzen. Das passt gut zu unserem Image, ein Pionier in der Möbelbranche zu sein. Und es ist sicher zeitgemäß, sich um eine hohe Gebrauchsdauer bei reduziertem Materialverbrauch zu kümmern. Das entspricht voll unserem Gedanken von Nachhaltigkeit und Umweltbewusstsein. Ausschlaggebend war übrigens, dass wir für den Konferenzstuhl *Versal* dringend einen Relaunch vornehmen müssen. Wir wollen auf die Stapelfähigkeit verzichten und stattdessen aus dem *Versal* einen Freischwinger machen. Die Kunden, die Stapelstühle kaufen wollen, entscheiden sich ohnehin meistens für unsere moderne *Confair-Linie*."

Daniela Schaub: (überrascht) „Und wie soll bei diesem Relaunch Möbelrecycling greifen?"

Sandra Braun: „Nun, das ist ganz einfach: Die Sitzschalen des *Versal* sind aus sehr hochwertigem Holz, das aufwendig bepolstert ist, und soweit uns die Kunden ihre alten *Versal-Stühle* zum Rückkauf anbieten, verarbeiten wir die gebrauchten Sitzschalen weiter. Wir frischen die Holzoberfläche auf, bepolstern die Schale neu, montieren sie auf entsprechende Gestelle und geben den neuen *Versal Swing* zu Sonderkonditionen wieder an die Kunden ab. So einfach geht das!"

Daniela Schaub: (weiterhin ungläubig) „Aber wie soll der Kunde von diesem neuen Gedanken erfahren? Und wird es den *Versal Swing* nur im Tausch gegen den alten *Versal* geben, oder versuchen wir auch, den *Versal Swing* als Neuprodukt in die bestehende Produktlinie einzubinden?"

Sandra Braun: (nickt zustimmend) „Ja, der *Versal Swing* wird als Neuprodukt geführt und muss folglich genauso kommunikativ begleitet werden wie die Umsetzung unseres neuen Konzeptes zum Möbelrecycling. Das sind alles richtig gute Fragen, Daniela, damit beschäftigen wir uns übrigens beim nächsten Strategiemeeting, zu dem Sie gerne die Einladung verfassen können. Kommen Sie doch gleich mal zu mir ins Büro, dann gebe ich Ihnen alle nötigen Eckdaten."

Arbeitsaufträge

1 Geben Sie die Ausgangssituation in eigenen Worten wieder und erläutern Sie das Problem, das Daniela Schaub erkannt hat.

2 Stellen Sie eine Liste aller Kosten zusammen, die üblicherweise im Rahmen der Kommunikationspolitik anfallen. Vergleichen Sie Ihr Ergebnis mit Ihrem Tischnachbarn.

3 Um die gewünschten Kunden adressatengerecht erreichen und von dem neuen Möbelrecycling überzeugen zu können, müssen vorab eine Menge Überlegungen angestellt werden. Ergänzen Sie zur Vorbereitung eines geeigneten Kommunikations-Plans die nachstehende Mindmap.

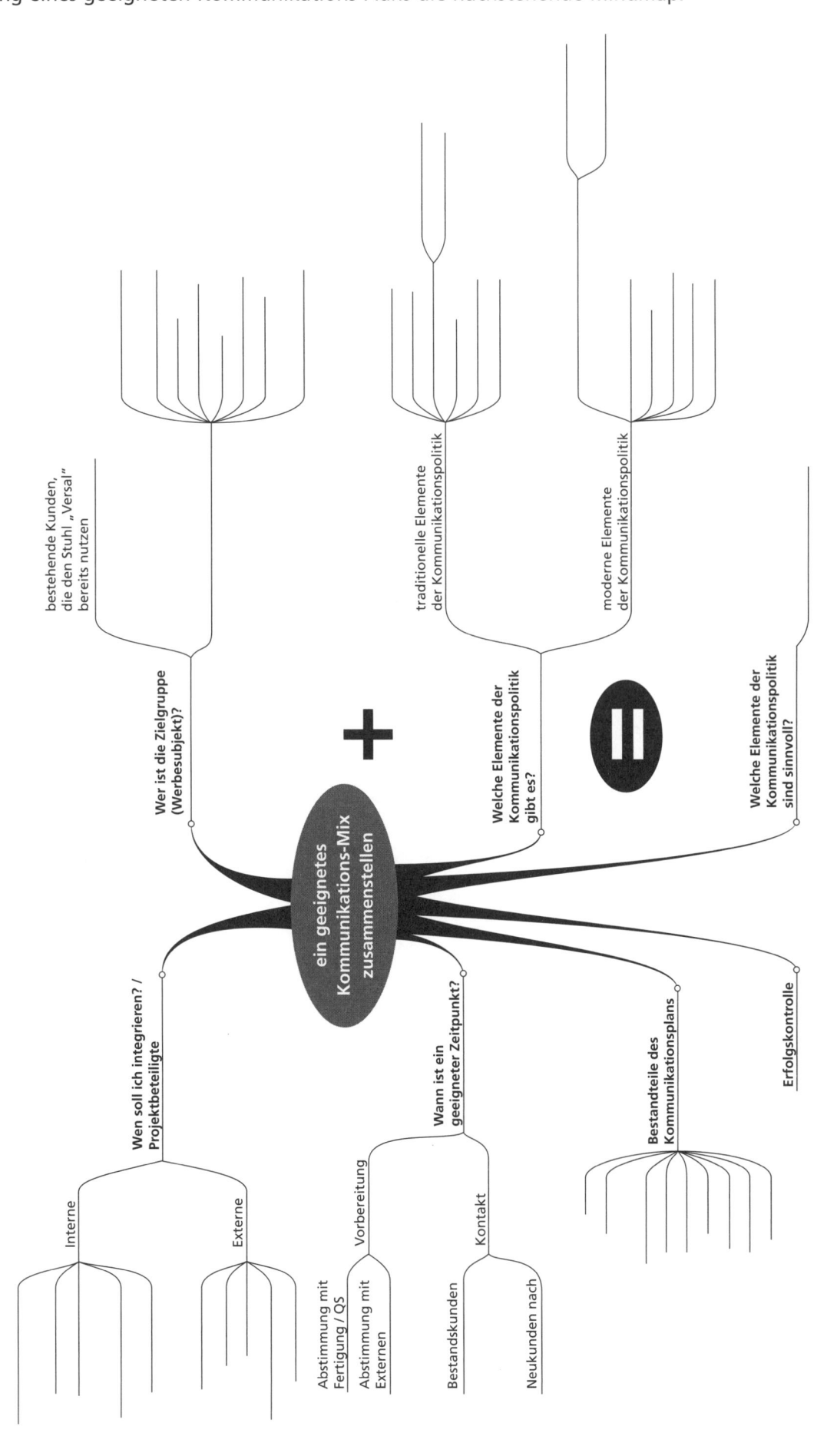

Mindmap: ein geeignetes Kommunikations-Mix zusammenstellen

- **Wer ist die Zielgruppe (Werbesubjekt)?**
  - bestehende Kunden, die den Stuhl „Versal" bereits nutzen
  - ...

- **+**

- **Welche Elemente der Kommunikationspolitik gibt es?**
  - traditionelle Elemente der Kommunikationspolitik
  - moderne Elemente der Kommunikationspolitik

- **=**

- **Welche Elemente der Kommunikationspolitik sind sinnvoll?**

- **Wen soll ich integrieren? / Projektbeteiligte**
  - Interne
  - Externe

- **Wann ist ein geeigneter Zeitpunkt?**
  - Vorbereitung
    - Abstimmung mit Fertigung / QS
    - Abstimmung mit Externen
  - Kontakt
    - Bestandskunden
    - Neukunden nach ...

- **Bestandteile des Kommunikationsplans**

- **Erfolgskontrolle**

Lernsituation 6

4 Aus der Vorgabe der Zielgruppe und den grundsätzlichen Einsatzmöglichkeiten für Kommunikationspolitik soll nun eine Schnittmenge gebildet werden. Geben Sie vor, welche Maßnahmen Sie ergreifen würden, um mit der Zielgruppe (Bestandskunden, die den Stuhl *Versal* bereits gekauft haben, sowie jede Art von Neukunden) in Kontakt zu treten.

5 Es steht bereits fest, dass der neue Freischwinger unter der Marke *Versal Swing* vermarktet werden soll. Zudem wurde eigens für alle Produkte, die dem Gedanken des Möbelrecyclings folgen, ein Logo entworfen. Nun soll Daniela Schaub für einen Flyer einen passenden Slogan formulieren, um den neuen Leitgedanken schlagkräftig zu transportieren. Leider hat Daniela heute einfach keinen kreativen Tag und ihr will kein geeigneter Slogan einfallen. Sie bleibt immer wieder bei „Aus alt mach' neu! Der neue *Versal Swing* …" hängen, doch dann kommt sie nicht weiter. Sie gibt den Auftrag deshalb an die Agentur ab und ergänzt die Basisbotschaft, Nutzenbotschaft und Nutzenbegründung, die an den Slogan geknüpft werden sollen. Legen Sie die Inhalte der Werbebotschaft fest, sodass die Agentur gut informiert ist.

Basisbotschaft	
Nutzenbotschaft	
Nutzenbegründung	

6 Da das Marketingteam der Sommerfeld Bürosysteme GmbH momentan voll ausgelastet ist, soll die Werbekampagne für den neuen *Versal Swing* von der Mediaagentur Team M-Platin GmbH übernommen werden. Daniela Schaub ergänzt zu diesem Zweck das übliche, hausinterne Formular für den Mediaplan und leitet es dann per E-Mail an die Agentur weiter. Vervollständigen Sie die fehlenden Angaben in dem Formular gemeinsam mit Ihrem Tischnachbarn und tauschen Sie sich dann mit zwei weiteren Klassenkameraden über Ihre Ideen aus.

Briefing Mediaplan

von: Sommerfeld Bürosysteme GmbH

Agentur: Team M-Platin GmbH

Auftrag-Nr.: TMP-37_10-12-2013

Datum. 14. November 20(0)

Sommerfeld Bürosysteme GmbH
Ein ökologisch orientiertes Unternehmen mit Zukunft

1.	(Werbe-)Ziel Welches Ziel soll erreicht werden?	
2.	(Werbe-) _____ Was soll beworben werden?	*Versal Swing*
3.	(Werbe-)Subjekt	– *seriöse, eher konservative, aber finanzstarke Neukunden aus dem Fachhandel, der Industrie, medizinischen Pflege, Versicherungen, Banken, Dienstleistungssektor etc.,* – *i. d. R. mit viel Bürokratie, traditionelle Hierarchien, klarer Organisationsstruktur und tendenziell langen Entscheidungswegen,* – *stark an Profit und Leistung ausgerichtet, folglich preissensibel und an langfristiger Lieferantenbindung interessiert,* – *Modernem gegenüber aufgeschlossen, offen für ökologisches nachhaltiges Denken etc.*
4.	_____ Wo soll die Zielgruppe erreicht werden?	*Nielsen II bzw. NRW, hier speziell Schwerpunkte legen:* – *Ruhrgebiet* – *Ballungszentrum Köln/Bonn/Düsseldorf*
5.	(Werbe-)Botschaft Welcher Inhalt soll vermittelt werden?	*Slogan: „Aus alt mach neu! Mit dem Versal Swing …"* *Trendsetter befürworten mit dem Kauf des Versal Swing das Konzept des Möbelrecyclings, fördern so Nachhaltigkeit und stehen für einen sparsamen Umgang mit Ressourcen.*
6.	(Werbe-)………… Womit soll geworben werden?	– *Anzeigen (1/4 Seite, 4 F), Beilagen, Flyer* – _____ – _____ – _____ – _____
7.	(Werbe-)Träger	– *Fachzeitschrift, Tageszeitung* – *Wartehäuschen öffentlicher Verkehrsmittel*

Lernsituation 6

8.	_____ Wann soll geworben werden?	*Anfang Februar bis Ende Juli*
9.	(Werbe-)Druck/ Streuintensität Wie viel soll geworben werden?	*Permanente Präsenz, allerdings über alle Medien verstreut*
10.	(Werbe-) _____ Welcher Etat soll eingesetzt werden?	*100 000,00 €*
11.	(Werbe-)Treibende _____ _____ _____	*Einzelwerbung durch Sommerfeld Bürosysteme GmbH (ohne weitere Partner)*
	Sonstiges	*Neben der klassischen Absatzwerbung sind umfangreiche, weitere Kommunikationsmaßnahmen geplant!*

7 Schlagen Sie zwei Maßnahmen aus der Kommunikationspolitik vor, wie die Sommerfeld Bürosysteme GmbH für mehr Kundenpflege bzw. Kundenbindung sorgen kann. Ergänzen Sie ebenfalls, wie Sie sich privat als Kunde an ein Produkt, einen Hersteller oder eine Einkaufsstätte binden lassen.

8 Von der Agentur wurde folgender Vorschlag entworfen.

Werbeobjekt	Neukunden: in erster Linie Trendsetter mit hoher Affinität zu Umweltschutz, Nachhaltigkeit Sektoren: Fachhandel, Industrie, med. Pflege, Versicherungen, Banken, Dienstleistung				
Werbesubjekt	*Versal Swing*				
Werbebotschaft	Slogan: „Aus alt mach neu! Mit dem *Versal Swing* schwingen Sie gleich mit im Trend" Trendsetter befürworten mit dem Kauf des *Versal Swing* das Konzept des Möbelrecyclings, fördern so Nachhaltigkeit und stehen für einen sparsamen Umgang mit Ressourcen.				
Werbeziele:	* neue Käuferschichten ansprechen und Stammkunden binden * Imagebildung/Einstellungen verändern * Konzeptidee transportieren * Produkteigenschaften betonen mit Blick auf Nachhaltigkeit/hohe Gebrauchsdauer * Beratungskompetenz hervorheben * Bekanntheitsgrad steigern				
Streukreis	Nielsen II: NRW: Großraum Köln/Bonn/Düsseldorf sowie Ruhrgebiet				
Streuzeit	1. Quartal 20XX				
Werbemittel	Werbeträger	Januar	Februar	März	Summe:
Fachzeitschrift: *Managermagazin*	Anzeige	☐ ☐ ☐	☐☐☐☐ ☐	☐	32 000,00 €
Zeitschrift: *FAZ**	Beilage		■		4 000,00 €
Plakatanschlagstellen	Plakat	▭ ▭		▭	14 000,00 €
Budget:		22 800,00 €	16 800,00 €	10 400,00 €	50 000,00 €

*FAZ = Frankfurter Allgemeine Zeitung

a) Finden Sie die vier Fehler, die im Mediaplan enthalten sind.
b) Bewerten Sie den Mediaplan gemeinsam mit Ihrem Nachbarn vor dem Hintergrund der folgenden Fragestellungen:
  ba) Können die Werbeziele erreicht werden?
  bb) Passen Streukreis, Werbemittel/Werbeträger und Zielgruppe zusammen?
  bc) Wurden geeignete Werbeträger ausgewählt?
  bd) Ist die Streuzeit bezüglich der Zielsetzung ausreichend?
  be) Wo könnte mit Blick auf das Budget sinnvoll gekürzt werden?
  bf) Welche Verbesserungsvorschläge gibt es?

9 Stellen Sie eine Liste an Kennzahlen zusammen, mit denen der Erfolg von Kommunikationsmaßnahmen kontrolliert werden kann. Orientieren Sie sich als Hilfe an der AIDA-Formel und fragen Sie sich, wie man die einzelnen Phasen hinsichtlich ihrer Wirksamkeit überprüfen kann.

A	Attention	
I	Interest	
D	Desire	
A	Action	
Sonstiges		

10 Obwohl es jede Menge Kennziffern gibt, um den Erfolg einer Werbemaßnahme zu kontrollieren, ist eine eindeutige Beurteilung einer Einzelmaßnahme letztlich doch nicht möglich. Finden Sie Gründe dafür, warum man den Erfolg einer Einzelmaßnahme trotzdem nicht ermitteln kann.

11 Die Mediaagentur schlägt vor, bewusst auf vergleichende Werbung zu setzen, um dem einzig nennenswerten Wettbewerber in der Branche seine Stellung streitig zu machen und weitere Marktanteile zu gewinnen. Informieren Sie sich über die rechtlichen Rahmenbedingungen des UWG (Gesetz gegen unlauteren Wettbewerb) und stellen Sie alle Bedingungen zusammen, unter denen vergleichende Werbung in Deutschland zulässig ist. (Siehe auch Deutscher Werberat: www.werberat.de)

12 Vervollständigen Sie im folgenden Schaubild die fehlenden Begriffe, Beispiele und Ziele.

Zusammenhänge der Kommunikationspolitik

Werbe _____

Unter einem Werbe _____ versteht man das Hilfsmittel, mit dem die Werbebotschaft transportiert werden soll.
(z. B.: _____)

enthält Werbe _____
(ist nicht = Slogan, sondern mehr!)

1. Basisbotschaft
2. Nutzenbotschaft
3. Nutzenbegründung

Hierbei beachten:
– Grundsätze der „Werbung"
– AIDA
– 10 „W" des Werbeplans

Sender (Werbe-_____)

Empfänger (_____)

Werbe _____
Als Werbe _____ bezeichnet man das Medium, das die Werbung zum Adressaten transportiert. Die Wahl des Werbe _____ hängt folglich stark von der Zielgruppe ab!
(z. B. _____
_____)

Ziele der Kommunikationspolitik

1. _____
2. _____
3. _____
4. _____
5. _____
6. _____
7. _____
8. _____

Werbe-
_____
_____

13 Ergänzen Sie Ihre Lernkartei, die Sie bereits in der Lernsituation 3 begonnen haben (Fachbegriffe auf der Vorderseite einer Karteikarte notieren, passende Beschreibung oder Definition für den Begriff auf der Rückseite). Sinnvolle Begriffe wären hier:

> Traditionelle und moderne Elemente der Kommunikationspolitik – Bestandteile des Werbeplans (explizit: Werbebotschaft, Werbemittel, Werbeträger) – Erstellen eines Kommunikations-Mix – Ablauf der Zusammenarbeit mit Agenturen und Druckereien – Werbeerfolgskontrolle

Ergänzende Übungen

1 In der Tabelle finden Sie in Abhängigkeit von der Zielgruppe erste Vorgaben zur Produkt- und Preispolitik. Stellen Sie Überlegungen an, welche Maßnahmen Sie in der Kommunikationspolitik grundsätzlich einbinden könnten, um den Marketing-Mix stimmig zu ergänzen.

Zielgruppe	Produktpolitik	Kommunikationspolitik
• Kitas • Kindergärten • Grundschulen • etc. (Kinder als Endverbraucher)	Bürostühle in kindgerechten Maßen, Farben, Materialien unter der Dachmarke „4Kidz"	
	Preispolitik	
	• Hochpreisstrategie (wg. Marke) • Preisdifferenzierung: Mengenrabatt, Einschulungsrabatt	

2 Ergänzen Sie in der Tabelle, welcher Werbung bzw. Kommunikationspolitik Sie heute schon begegnet sind, und kreuzen Sie dann an, welchem Element der Kommunikationspolitik Sie die Maßnahme zuordnen würden.

Maßnahmen	Werbung					Public Relation	Verkaufsförderung	Direkt-Marketing	Event-Marketing	Sponsoring	Product-Placement	Sonstiges
	Printwerbung	Außenwerbung	Sonst. klass. Werb.	Online-Werbung	Mobile-Werbung							
SMS mit Fußnote des Internetportals GMX												
Banner unter Wetternews im Handy												
personalisierter Newsletter												
TV-Spot im Frühstücksfernsehen												

Maßnahmen	Printwerbung	Außenwerbung	Sonst. klass. Werb.	Online-Werbung	Mobile-Werbung	Public Relation	Verkaufsförderung	Direkt-Marketing	Event-Marketing	Sponsoring	Product-Placement	Sonstiges
	Werbung											
Anzeige in der Zeitschrift												
Pressefoto Scheckübergabe an Kindergarten												
Anzeige über neue Azubis des Unternehmens												
Beilage in der Tageszeitung												
Radiospot während des Zähneputzens												
Werbebrief												
Plakat an der Bushaltestelle												
Busbedruckung												
Lautsprecherdurchsage in der Einkaufsstätte												
Kundenkarte												
Prospekt im Briefkasten												
Unternehmensbroschüre mit neuem Leitbild												
Messestand												
Probierstand im Laden												
Logo auf dem Fußballtrikot												
Pressespiegel												
Tag der offenen Tür												

3 Welchem Bereich der Kommunikationspolitik ist der Leitspruch „Tue Gutes und sprich darüber!" zuzuordnen? Erläutern Sie Ihre Entscheidung und führen Sie ein Beispiel aus der Praxis an oder erfinden Sie ein passendes Beispiel.

4 Stellen Sie die Begriffe „Absatzwerbung", „Sales Promotion/Verkaufsförderung" und „Public Relations" gegenüber, indem Sie die folgende Tabelle stichwortartig ergänzen.

	Absatzwerbung	Sales Promotion/ Verkaufsförderung	Public Relations
Gegenstand der kommunikationspolitischen Maßnahme			
Zwei Ziele der kommunikationspolitischen Maßnahme			
Drei typische kommunikationspolitische Aktivitäten (z. B. Werbemittel)			

5 Öffentlichkeitsarbeit (PR) wird heutzutage immer häufiger mit Corporate Identity in enger Verbindung gesehen. Nehmen Sie zu dem Zusammenhang von Corporate Identity, Corporate Image und Public Relations Stellung, indem Sie die beiden „CI-Begriffe" kurz erklären und dann die Verbindung der Begriffe über Public Relations erklären.

6 Ergänzen Sie die Lücken in den folgenden Aussagen, indem Sie den umgangssprachlichen Begriff „Werbung" durch die entsprechenden Fachbegriffe präzisieren.
- Werbung, die auf das Unternehmen als Ganzes abzielt, heißt _____
- Zielt Werbung dagegen auf die Förderung des Handels oder den Verkauf im Laden ab, so spricht man von _____
- Wirbt man direkt, wird die Werbung als _____ bezeichnet.
- Wirbt man dagegen mithilfe von Veranstaltungen, spricht man von _____ _____
- Betrachtet man Werbung als Geben und Nehmen, verwendet man den Begriff _____
- Schließlich ist das, was umgangssprachlich unter Werbung verstanden wird, diejenige Werbung, die sich auf das Produkt bezieht. Gemeint ist folglich also nur die reine _____

7 Die Sommerfeld Bürosysteme GmbH bringt den neuen *Versal Swing* tatsächlich auf den Markt und befindet sich ab Februar in der Einführungsphase. Ergänzen Sie die folgende Tabelle, indem Sie
- die Phasen des Produktlebenszyklus ergänzen,
- das Budget von 600 000,00 € sinnvoll auf die Phasen des Lebenszyklus verteilen,
- für die beiden farbig abgesetzten Phasen sinnvolle kommunikationspolitische Maßnahmen vorschlagen und
- ein mit Ihrer Maßnahme angestrebtes Werbeziel formulieren.

Phasen	Budget	Kommunikationspolitische Maßnahme	Angestrebtes Ziel
Summe:	600 000,00 €		

Lernsituation 6

8 Spekulieren Sie gemeinsam mit zwei weiteren Klassenkameraden darüber, welche Inhalte der Kommunikationspolitik besonders wichtig sind und folglich von Ihrer Lehrkraft in der Klausur abgefragt werden könnten. Stellen Sie Ihre Überlegungen in einer Liste zur besseren Vorbereitung auf die Klausur zusammen.

9 Bewerten Sie die Aussagen in der folgenden Tabelle mit einem „R", wenn sie richtig sind, und mit einem „F", wenn die Aussagen falsch sind. Korrigieren Sie die falschen Aussagen.

	Aussage	R/F	Korrektur
1	Das, was umgangssprachlich als „Werbung" bezeichnet wird, ist nur die klassische Absatzwerbung, bestehend aus Printwerbung, Außenwerbung, Handelspromotion und Spots.		
2	Public Relations haben das Ziel, weniger ein Produkt, als vielmehr das Unternehmen verkaufsfördernd in Szene zu setzen.		
3	Während Merchandising dazu dient, den Verkauf am Point of Sale zu fördern, dient Sales Promotion dem verbesserten Verkauf zwischen Hersteller und Handel. Beides ist Bestandteil der Verkaufsförderung.		
4	Newsletter müssen einen Link zum Abbestellen enthalten.		
5	Beim Sponsoring bietet der Hersteller eine Leistung, ohne eine Gegenleistung zu fordern.		
6	Der Grundsatz der Werbe-Klarheit beinhaltet, dass Werbung prägnant, eindeutig und unmissverständlich sein soll.		
7	Das Werbeobjekt klärt die Frage nach der umworbenen Leistung.		
8	Werbemittel sind die Vermittler von Werbung, also das Fernsehen, Radio oder die Zeitung.		
9	Bei der Durchführung kommunikationspolitischer Maßnahmen muss nach der Media-Leistung (Streuen von Werbung) immer eine Freigabe erfolgen.		
10	Da Marketing-Instrumente immer in Wechselwirkungen zueinander stehen, ist es nicht möglich, den Erfolg einzelner Kommunikationsmaßnahmen exakt zu bemessen.		

Lernsituation 7: Distributionspolitik: Absatzwege optimieren

Ausgangssituation: Kehren neue Besen wirklich immer gut?! Die Vertriebsstruktur auf dem Prüfstand

„Jetzt ist es also soweit!", denkt sich Rudolf Heller, als er die E-Mail von Herrn Sommer liest. „Die Absatzzahlen im Bereich ‚Warten und Empfang' gehen weiter den Bach runter und wahrscheinlich sollen jetzt als Konsequenz Kollegen aus dem Vertrieb entlassen werden, um Kosten zu sparen. Stattdessen ist geplant, externe Handelsvertreter mit dem Vertrieb zu beauftragen und dafür müssen nun im Marketing neue Präsentationsmappen und Schulungsunterlagen vorbereitet werden."

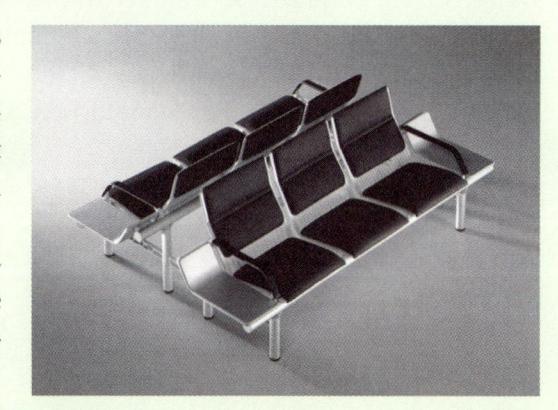

In der Mittagspause tauscht sich Rudolf mit Daniela über seine Spekulationen aus. „Ja, von den Gerüchten habe ich auch schon gehört. Dave Gilbert vom Vertriebsbereich ‚Lizenzen' ist offenbar betroffen und vielleicht soll auch beim ‚Vertrieb Nord' der Außendienst gekürzt werden, da läuft es wohl im Moment überhaupt nicht gut", gibt Daniela zu bedenken. „Ich bin doch gerade bei Herrn Kraus in der Abteilung Vertrieb und da überlegt man, ob die internen Organisationsstrukturen nicht von Grund auf neu geordnet werden sollen, um die Kollegen doch noch halten zu können. Die Alternative, Externe ins Boot zu holen, wollen die Kollegen vom Vertrieb jedenfalls überhaupt nicht." „Hm, das kann ich gut verstehen", antwortet Rudolf, „allerdings wäre es vor dem Hintergrund sinkender Absatzzahlen und den recht hohen Gehältern und Spesen unserer Vertriebler keine schlechte Überlegung, mal über ein Outsourcing nachzudenken, jedenfalls vorübergehend." Daniela schüttelt energisch den Kopf: „Nein, Rudolf, das kann man doch nicht machen! Du kannst doch nicht vorübergehend eine Vertriebsorganisation ändern – als Unternehmer hat man doch auch soziale Verantwortung zu tragen. Abgesehen davon haben unsere Leute ein ganz anderes Know-how über unsere Produkte, die sind unersetzbar, wenn du mich fragst." Rudolf entgegnet: „Klar, da hast du schon recht, aber über alternative Vertriebskanäle oder neue Logistikkonzepte kann man ja trotzdem mal nachdenken! Da bieten sich viele Möglichkeiten zur Verbesserung an, ohne dass deshalb gleich jemand entlassen werden muss."

Arbeitsaufträge

1 Listen Sie alle Ideen auf, die in der Ausgangssituation zur Veränderung des Vertriebs der Sommerfeld Bürosysteme GmbH bedacht werden.

2 Informieren Sie sich über die aktuelle Vertriebsstruktur (Absatzorganisation und Absatzwege) der Sommerfeld Bürosysteme GmbH. Stellen Sie Aspekte zusammen, wie man den Vertrieb intern grundsätzlich anders organisieren könnte, und notieren Sie, welche Absatzwege bislang von der Sommerfeld Bürosysteme GmbH genutzt bzw. noch nicht genutzt werden.

3 Im Segment „Warten und Empfang" sinken die Absatzzahlen und hier explizit für die Sitzbank *Tubis*. Ursprünglich war geplant, den Norden Deutschlands für diese Produktlinie zu begeistern, aber scheinbar gelingt es nicht, die angedachten Kunden, vornehmlich Krankenhäuser, Arztpraxen und Physiotherapeuten, für die puristische Linie zu gewinnen. Herr Sommer geht davon aus, dass die Besuchsfrequenz nicht ausreicht und der „Vertrieb Nord" ggf. nicht „die Sprache" der Mediziner spricht und deshalb schlecht

verkauft. Aus diesem Grund sollen spezielle Handelsvertreter mit medizinischem Background akquiriert und im Vertrieb eingesetzt werden. Die eigenen Absatzorgane sollen infolgedessen ersetzt werden. Ersten Berechnungen zufolge sind auf diesem Weg allein für die Sitzbank *Tubis* Einsparungen von 2 000,00 € bis 2 700,00 € pro Monat möglich. Die aktuellen Außendienstmitarbeiter erhalten im Durchschnitt ein Fixum von 4 275,00 € und eine geringe Umsatzprovisionen von 3 %. Die neuen Handelsvertreter sollen dagegen vertraglich mit einer Provision von maximal 12 % gebunden werden. Der momentane Listenverkaufspreis der Sitzbank *Tubis Polsterbank, Gestell eloxiert* beträgt 2 895,00 €.

a) Berechnen Sie, ab welcher monatlichen Absatzmenge sich der Einsatz eigener Außendienstmitarbeiter lohnt.

Kosten eigene Außendienstmitarbeiter: $K_e = 4\,275{,}00 + 0{,}03 \cdot 2\,895{,}00 \cdot x = 4\,275{,}00 + 86{,}85 \cdot x$

Kosten Handelsvertreter: $K_H = 0{,}12 \cdot 2\,895{,}00 \cdot x = 347{,}40 \cdot x$

$4\,275{,}00 + 86{,}85 \cdot x = 347{,}40 \cdot x$
$4\,275{,}00 = 260{,}55 \cdot x$
$x \approx 16{,}41 \text{ Stück/Monat}$

Bis zu einer Absatzmenge von **16** Stück/Monat sind **Handelsvertreter** sinnvoll.

Ab einer Absatzmenge von **17** Stück/Monat sind **eigene Außendienstmitarbeiter (Reisende)** günstiger.

b) Skizzieren Sie das Ergebnis grafisch. Beschriften Sie auch die Achsen und Grafen.

Kritische Absatzmenge (bzw. kritischer Umsatz)

4 a) Stellen Sie die Vorteile externer und eigener Absatzorgane (Handelsvertreter und Reisende) in einem qualitativen Vergleich gegenüber.

Qualitativer Vergleich externer und interner Absatzorgane	
Vorteile externer Handelsvertreter	Vorteile eigener Reisender

b) Treffen Sie eine begründete Entscheidung für oder gegen externe Handelsvertreter bzw. eigene Handlungsreisende. Tauschen Sie Ihre Argumente im Plenum aus.

5 Eine weitere Alternative zu eigenen Vertriebsteams im direkten Kontakt könnten indirekte Absatzformen sein wie das Franchising oder Vertragshändler.
  a) Grenzen Sie die Begriffe „Franchising" und „Vertragshändler" voneinander ab.
  b) Beschreiben Sie möglichst konkret, wie diese Absatzformen für die Sommerfeld Bürosysteme GmbH genutzt werden könnten.

6 Stellen Sie in einer Tabelle Pro- und Kontra-Argumente eines Online-Vertriebs der Produktpalette der Sommerfeld Bürosysteme GmbH gegenüber. Gehen Sie dann in den Austausch mit zwei Klassenkameraden. Beachten Sie bei Ihrer Diskussion die Problematik, ob durch E-Commerce zusätzliche Marktpotenziale geschaffen werden oder ob durch den Internethandel die Gefahr wächst, dass dem traditionellen Fachhandel Marktvolumen entzogen wird.

7 a) Diskutieren Sie in Kleingruppen, unter welchen Voraussetzungen es für die Sommerfeld Bürosysteme GmbH sinnvoll wäre, sich mit ausgewählten Produkten einem Anbieter für Versandhandel anzuschließen und Büromöbel folglich zusätzlich per Katalog zu verkaufen.
  b) Erstellen Sie ein Ranking zu den bestehenden Vertriebswegen der Sommerfeld Bürosysteme GmbH und den bereits diskutierten Alternativen (Vertrieb über Fachhandel, Factory-Outlet/Werksverkauf, Handlungsreisende, Handelsvertreter, Franchising, Vertragshandel, E-Commerce, Versandhandel). Auf Platz 1 sollte der Vertriebsweg genannt werden, den Sie der Sommerfeld Bürosysteme GmbH als besten Absatzkanal empfehlen würden. Begründen Sie Ihre Meinung. (Hinweis: Überlegen Sie im Zweifelsfall, auf welchen Vertriebsweg Sie am ehesten verzichten würden.)

Lernsituation 7

Rang	Vertriebsweg
1	
2	
3	
4	
5	
6	
7	
8	

8 Ergänzen Sie Ihre Lernkartei, die Sie bereits in der Lernsituation 3 begonnen haben. Sinnvolle Begriffe wären hier:

> Bestandteile der Distributionspolitik – Absatzorganisation – Absatzwege (hier explizit: Handelsvertreter, Reisender, Franchising, Vertragshandel, E-Commerce) – Vor- und Nachteile von direktem/indirektem Absatz – eigene/fremde Absatzorgane – Break-even-Analyse – Supply Chain Management – Transportwesen – Verkehrsorganisation – Lagerorganisation – Incoterms® etc.

Ergänzende Übungen

1 In der Tabelle finden Sie in Abhängigkeit zur Zielgruppe erste Vorgaben zur Produkt-, Preis- und Kommunikationspolitik. Stellen Sie Überlegungen an, welche Maßnahmen Sie in der Distributionspolitik grundsätzlich einbinden könnten, um den Marketing-Mix stimmig zu ergänzen.

Zielgruppe	Produktpolitik	Distributionspolitik

• Praxen von
  – Ärzten
  – Physiotherapeuten
• Krankenhäuser
• ggf. Kanzleien
• …
	Sitzbank *Tubis*
	
	Preispolitik
	• Listenverkaufspreis: 2 895,00 €
	• Neukundenrabatte
	• Volumenrabatte
	• Skonto
	• Verlängertes Zahlungsziel
	• …
	
	Kommunikationspolitik
	• Anzeigen in Fachzeitschriften
	• Flyer, Prospekte
	• Direktmailings: Newsletter Wurfsendungen
	• …	

2 Der Leiter des Vertriebs, Herr Kraus, klagt über „stagnierende Ex-Factories". Erklären Sie, was damit gemeint ist, und listen Sie gemeinsam mit Ihrem Tischnachbarn wenigstens drei Argumente auf, die u. a. mit Blick auf den Distributionsgrad ursächlich sein könnten.

3 Vervollständigen Sie die Tabelle zur Unterscheidung der verschiedenen Absatzmittler. Nennen Sie nur die wesentlichen Vor- und Nachteile.

Merkmal	Außendienst	Filialvertrieb	Franchising	Vertragshandel	Fachhandel	Versandhandel	E-Commerce
direkter/ indirekter Vertrieb							
eigene/ fremde Absatzorgane							
Vertragsgrundlage							
Vorteile für die Sommerfeld Bürosysteme GmbH							
Nachteile für die Sommerfeld Bürosysteme GmbH							
Eignung für die Sommerfeld Bürosysteme GmbH							

Lernsituation 7

4 Ergänzen Sie in der Abbildung die relevanten Incoterms® 2010 und ihre vollständigen Bezeichnungen.

Übersicht Incoterms 2010®	Werk des Verkäufers	Frachtführer	Verschiffungshafen	Schiff	Bestimmungshafen	Terminal	Bestimmungsort	Werk des Käufers
EXW = Ex Works = ab Werk								

gilt für alle Transporttypen | See- und Inland-Wassertransport

Legende:
- ■ Verkäufer trägt Kosten
- □ Verkäufer trägt Risiko
- Verkäufer trägt Versicherung
- ■ Käufer trägt Kosten
- ■ Käufer trägt Risiko

Diese grafische Übersicht sollte nicht allein, sondern nur mit dem Originaltext der Incoterms® 2010 verwendet werden (vgl. www.iccgermany.de).

5 Beschreiben Sie die Grafik, analysieren und interpretieren Sie die Inhalte und leiten Sie zwei Kernaussagen ab, die Sie der Grafik letztlich entnehmen können.

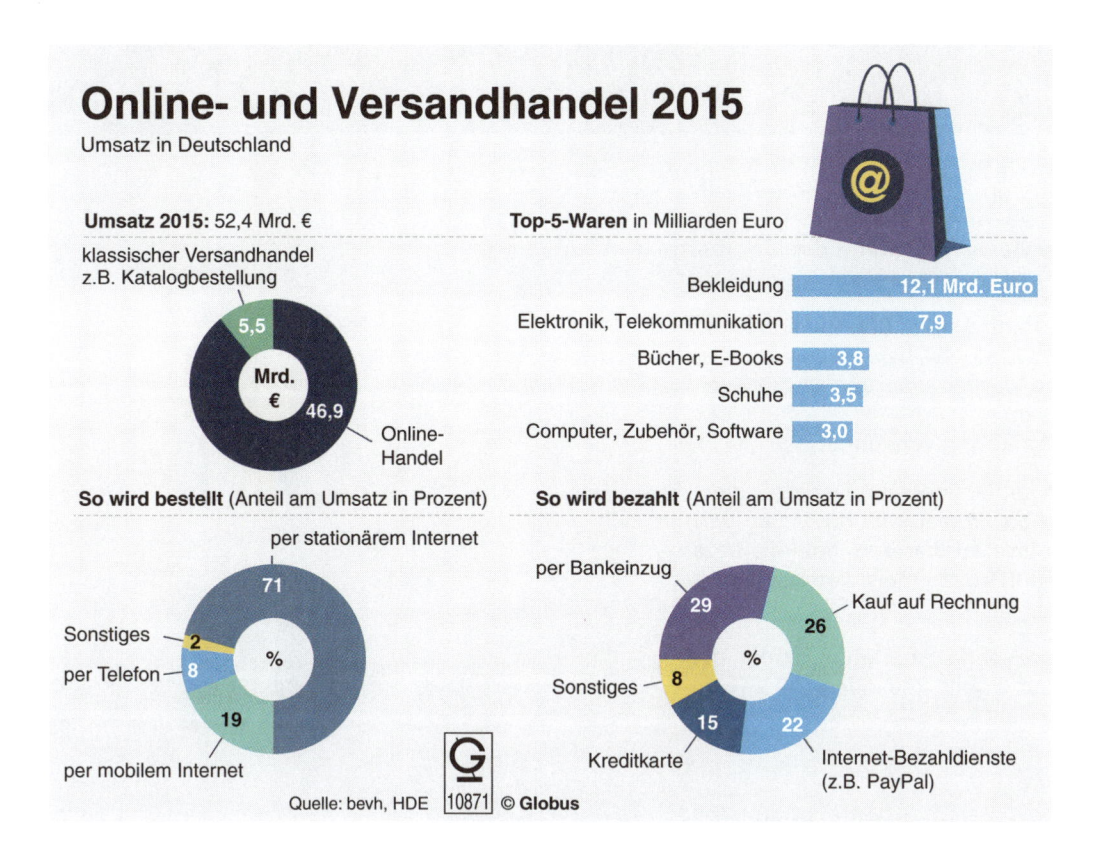

Online- und Versandhandel 2015
Umsatz in Deutschland

Umsatz 2015: 52,4 Mrd. €
- klassischer Versandhandel z.B. Katalogbestellung: 5,5 Mrd. €
- Online-Handel: 46,9 Mrd. €

Top-5-Waren in Milliarden Euro
- Bekleidung: 12,1 Mrd. Euro
- Elektronik, Telekommunikation: 7,9
- Bücher, E-Books: 3,8
- Schuhe: 3,5
- Computer, Zubehör, Software: 3,0

So wird bestellt (Anteil am Umsatz in Prozent)
- per stationärem Internet: 71
- per mobilem Internet: 19
- per Telefon: 8
- Sonstiges: 2

So wird bezahlt (Anteil am Umsatz in Prozent)
- per Bankeinzug: 29
- Kauf auf Rechnung: 26
- Internet-Bezahldienste (z.B. PayPal): 22
- Kreditkarte: 15
- Sonstiges: 8

Quelle: bevh, HDE © Globus

6 Werten Sie die nachfolgende Darstellung mit Blick auf die Sommerfeld Bürosysteme GmbH aus. Entscheiden Sie, ob die aktuellen Distributionskanäle der Sommerfeld Bürosysteme GmbH über den Großhandel und den stationären Fachhandel in gewohnter Form beibehalten werden können.

Einkaufen offline und online
So viel Prozent der Produkte wurden 2015 im Geschäft oder im Internet gekauft:

Produktgruppe	Käufe im Geschäft (offline)	Online-Käufe/Versandhandel	gegenüber 2010
Elektrogeräte (inkl. Computer, Telekommunikation)	48 %	52 %	+ 7 %
Textilien, Schuhe	57	43	+ 5 %
Möbel, Einrichtung, Dekoration	65	35	+ 6 %
Drogerie- und Parfümerieartikel	75	25	+ 7 %
Baumarktartikel	87	13	+ 9 %
Lebensmittel, Getränke	93	7	+ 4 %

repräsent. Befragung von 1 015 Personen zwischen 16 und 60 Jahren in Deutschland, die zumindest gelegentlich privat online sind (März 2016)
Quelle: KPMG © Globus

7 Bereiten Sie zur Wiederholung der Inhalte der Distributionspolitik gemeinsam mit Ihrem Tischnachbarn acht Tabukarten vor. Teilen Sie zu diesem Zweck jeder ein DIN-A4-Blatt in vier Teile. Notieren Sie als Überschrift einen Begriff, der später von Ihren Klassenkameraden erraten werden soll. Ergänzen Sie darunter fünf Begriffe, die zur Erklärung der Überschrift nicht verwendet werden dürfen. Geben Sie Ihre Karten Ihrer Lehrkraft ab. (Hinweis: Stecken Sie sich einen engen Zeitrahmen: max. 10 Min. für acht Karten!)

8 Bewerten Sie die folgenden Aussagen mit einem „R", wenn sie richtig sind, und mit einem „F", wenn die Aussage falsch ist. Korrigieren Sie alle falschen Antworten.

	Aussage	R/F	Korrektur
1	Die Absatzorganisation lässt sich intern wie extern strukturieren, wobei die externe Absatzorganisation wiederum in eigene oder fremde Absatzwege sowie direkte oder indirekte Absatzorgane differenziert werden kann.		
2	Die gängigen Abkürzungen B2B sowie B2C stehen für „Business-to-Business" bzw. „Business-to-Consumer" und wurden ursprünglich für das Industriegüter- bzw. Konsumgütermarketing verwendet.		
3	Das Besondere am Onlinehandel ist, dass die Initiative zum Kauf immer vom Käufer ausgeht und anders als im stationären Handel die Bezahlung der Warenübergabe meist vorgelagert ist.		
4	Der Handlungsreisende arbeitet im Namen des Arbeitgebers auf eigene Rechnung.		
5	Ein Kommissionär vermittelt auf Basis eines Kommissionsvertrages Kaufverträge zwischen dem Endverbraucher und dem Hersteller.		
6	Der Versandhandel kann sowohl zum direkten als auch indirekten Absatz gezählt werden, genauso wie er mit eigenen oder fremden Organen erfolgen kann.		
7	Ein Unterschied zwischen Franchising und Vertragshandel besteht darin, dass Franchisenehmer immer nur Produkte exklusiv von einem Hersteller anbieten dürfen, während Vertragshändler immer die Produkte mehrerer Hersteller anbieten.		
8	Die Kosten für Logistik sind dann minimal, wenn die Gesamtkosten aus Lagerkosten und Transportkosten minimal sind.		
9	Die Incoterms® regeln Liefer-, Transport-, Zahlungs- und Versicherungsbedingen im Außenhandel.		
10	Die Incoterms® sind gesetzliche Regeln, die international Anwendung finden.		

Lernsituation 8: Servicepolitik: Qualität durch Zusatzleistungen

Ausgangssituation: Das Zünglein an der Waage – sich mit individuellen Serviceleistungen vom Wettbewerb abheben

Daniela Schaub ist ganz aufgeregt, sie soll der Deutschen Bank als Stammkunden ein umfangreiches Paket an Serviceleistungen schnüren. Erst vor drei Jahren wurden die Konferenzräume der Hauptstelle der Deutschen Bank mit neuen Büromöbeln von der Sommerfeld Bürosysteme GmbH ausgestattet und jetzt sollen zahlreiche Filialen ebenfalls neu bestückt werden. Lediglich die Schäfer & Co KG ist noch als Wettbewerber in der engeren Auswahl und deren Angebot an Konferenzstühlen, Systemtischen, Flipcharts und Pinnwänden ist überschaubar und auch qualitativ nicht auf gleichwertigem Niveau. Da sollte es doch klappen, mithilfe von geeigneten Serviceleistungen einen Folgeauftrag an Land zu ziehen. Jetzt bleibt für Daniela noch die Frage offen, was geeignete, adressatengerechte Serviceleistungen sind und welches Budget für diesen Zweck im Hinterkopf berücksichtigt werden soll.

Arbeitsaufträge

1 Fassen Sie die Ausgangslage kurz zusammen und erläutern Sie, warum neben der Wahl der Serviceleistungen das Budget für die Serviceleistungen berücksichtigt werden soll.

2 Informieren Sie sich darüber, wie man Serviceleistungen von Dienstleistungen oder einem Kundendienst abgrenzen kann. Gehen Sie hierbei nicht nur auf finanzielle Aspekte ein, sondern nehmen Sie auch Stellung dazu, welche Art von Leistungen in den drei Kategorien angeboten werden können.

3 Finden Sie sich zu fünft in Gruppen zu einem Brainwriting zusammen und befolgen Sie folgende Arbeitsschritte, um Vorschläge für Serviceleistungen zu finden, die Sie der Deutschen Bank in Verbindung mit dem Verkauf einer kompletten Konferenzraumausstattung anbieten würden:
   1. Zeichnen Sie jeder auf einem Blatt im Querformat eine Tabelle mit fünf Spalten.
   2. Notieren Sie dann in der ersten Zeile fünf Vorschläge für Serviceleistungen. Seien Sie kreativ und bremsen Sie Ihre Ideen nicht aus – schreiben Sie mutig alles auf Ihr Blatt.
   3. Geben Sie Ihr Blatt dann im Uhrzeigersinn weiter an Ihren Klassenkameraden und übernehmen Sie das Blatt Ihres Vorgängers.
   4. Lesen Sie nun die Ideen Ihres Vorgängers und nutzen Sie seine Vorschläge als Impuls für Ihre neuen Ideen. Ergänzen Sie Ihre Gedanken so spontan wie möglich in einer zweiten Zeile.
   5. Schieben Sie Ihr Blatt dann wieder weiter und wiederholen Sie den Prozess der Ideenanregung. Notieren Sie Ihre Gedanken in der dritten Zeile.
   6. Setzen Sie diese Schiebetechnik so lange fort, bis Sie das Gefühl haben, dass dabei keine neuen Ideen generiert werden können.
   7. Legen Sie dann alle Ihre Blätter in die Mitte des Tisches und selektieren Sie brauchbare Ideen für Serviceleistungen aus dem gesamten Kreativpool heraus.
   8. Diskutieren Sie Ihr Ergebnis kritisch und einigen Sie sich auf wenigstens drei Vorschläge als Endresultat. Behalten Sie hierbei einen realistischen Finanzrahmen im Hinterkopf.

Beachten Sie: Sie haben gerade eine gängige Methode zur Ideenfindung durchlaufen, das sogenannte Brainwriting. Auf diesem Weg können durch Brainstorming zig neue Impulse erzeugt werden, die mit Sicherheit zu einer brauchbaren Lösung führen!

4 Beim vergangenen Projekt mit der Deutschen Bank wurden in Absprache mit Herrn Sommer folgende Serviceleistungen angeboten:
- kostenlose Eintrittskarten für die Möbelmesse IMM,
- Pflegeprodukte für Tische und Stühle,
- Erstbestückung der Flipcharts mit Papier und Stiften,
- Magnete für die Pinnwände als Give-aways mit dem Logo der Sommerfeld Bürosysteme GmbH,
- Einrichtungsberatung
- Übernahme der Transportversicherungen
- sechs Jahre Garantie auf Sitzmöbel
- Vorzugspreise bei der Teilnahme am Möbelrecycling,
- Erstausstattung der Konferenzräume mit Büromaterial und Namensschildchen
- Gemeinschaftswerbung in Finanzzeitschriften,
- Vermittlung eines Moderationstrainings,
- Teilnahme an Gewinnspielen etc.
- Außerdem wurden jährliche Reparatur- und Reinigungsdienste als Dienstleistungen zu einem Pauschalpreis von 400,00 € pro Jahr ergänzt.

a) Bewerten Sie jede einzelne Maßnahme, indem Sie sie auf Machbarkeit und Kostenaspekte hin untersuchen.

b) Entscheiden Sie, welche der genannten Serviceleistungen diesmal ggf. doch kostenpflichtig angeboten werden sollten, und vergleichen Sie die Vorschläge von Herrn Sommer mit Ihren eigenen Ergebnissen aus der Aufgabe 3.

5 Wenn Serviceleistungen für den Kunden offiziell kostenlos sind, vorher aber in der Preiskalkulation aufgeschlagen werden, dann hat der Kunde doch tatsächlich keinen Vorteil. Bewerten Sie die Vorgehensweise aus Sicht des Marketings und führen Sie wesentliche Gründe an, warum es durchaus hilfreich sein kann, den Preis eines Gutes mit Serviceleistungen zu verschleiern.

6 Überlegen Sie, wo Sie die Methode des Brainwritings in Ihrem beruflichen oder privaten Umfeld sinnvoll nutzen könnten und was Sie im Vergleich zu Ihrem ersten Versuch in der Aufgabe 3 künftig ändern würden.

7 Ergänzen Sie Ihre Lernkartei, die Sie bereits in der Lernsituation 3 begonnen haben. Sinnvolle Begriffe wären hier:

> Serviceleistung – Dienstleistung – Kundendienst – Arten von Serviceleistungen

Ergänzende Übungen

1 In der nachfolgenden Tabelle finden Sie in Abhängigkeit zur Zielgruppe erste Vorgaben zur Produkt-, Preis-, Kommunikations- und Distributionspolitik. Stellen Sie Überlegungen an, welche Maßnahmen Sie in der Servicepolitik grundsätzlich einbinden könnten, um den Marketing-Mix stimmig zu ergänzen.

Zielgruppe	Produktpolitik	Servicepolitik
kleine bis mittelständige Personaldienstleister aus dem Ruhrgebiet mit bis zu 20 Mitarbeitern mit Ausrichtung auf die Vermittlung von Jungakademikern	komplette Produktlinie „Konferenz" zur Ausstattung von Besprechungszimmern mit Bewerbern	
	Preispolitik	
	• 4% Neukundenrabatt • verlängertes Zahlungsziel • Möglichkeit zur Finanzierung (Leasing)	
	Kommunikationspolitik	
	eher klassisch: Direktmailings, Newsletter, Anzeigen in Printmedien, Prospekte, Flyer, Telefonmarketing etc.	
	Distributionspolitik	
	• Vertreterbesuche • Fachhandel	

2 Finden Sie sich in Vierergruppen zusammen und überlegen Sie sich in Anlehnung an Aufgabe 1 für eine beliebige Zielgruppe einen eigenen Marketing-Mix, ausgehend von einer Produktidee bis hin zu passenden Serviceleistungen. Alternativ können Sie auch einen beliebigen, bereits bestehenden Marketing-Mix von einem Ihnen bekannten Anbieter systematisch erfassen, analysieren und ggf. ergänzen. Tragen Sie Ihre Erkenntnisse den übrigen Klassenkameraden vor.

Zielgruppe:
_____
_____
_____
_____

Produktpolitik	
Preispolitik	

Kommunikationspolitik	
Distributionspolitik	
Servicepolitik	

3 Nehmen Sie Stellung zu der Aussage „Auf der Welt gibt es nichts umsonst".

4 Bewerten Sie die Aussagen in der folgenden Tabelle mit einem „R", wenn sie richtig sind, und mit einem „F", wenn die Aussage falsch ist. Korrigieren Sie die falschen Aussagen.

	Aussage	R/F	Korrektur
1	Serviceleistungen können produktbezogen oder produktunabhängig sein.		
2	In der Wirtschaft ist es möglich, Serviceleistung unabhängig vom Kaufakt anzubieten.		
3	Dienstleistungen sind kostenpflichtig, Serviceleistungen sind kostenlos, Kundendienst kann beides sein.		
4	Dienstleistungen sind immateriell, Serviceleistungen sind materiell, Kundendienst kann beides sein.		
5	Serviceleistungen eignen sich, um Verkäufermärkte hinsichtlich der Preise zu verwässern und dem Markt Transparenz zu entziehen.		

Lernsituation 9: Projektorientiertes Marketing am Beispiel der Sommerfeld Bürosysteme GmbH: Die Markteinführung des „Ergo-Design-Natur"

Ausgangssituation: Mit dem „Ergo-Design-Natur" den Markt durchdringen!

Hartmut Sommer referiert: „Die Ergebnisse der Marktforschung haben es zu Tage gebracht: Der ‚Ergo-Design-Natur' ist konsequent an den Kundenwünschen ausgerichtet. Gelingt es uns, die unterschiedlichen Maßnahmen des Marketing-Mix perfekt aufeinander abzustimmen, steht einer erfolgreichen Markteinführung nichts mehr im Wege."

Arbeitsaufträge

Im Rahmen einer projektorientierten Gruppenarbeit sollen Sie die Markteinführung des „Ergo-Design-Natur" planen und für die einzelnen Elemente des Marketing-Mix jeweils einen Projektstrukur- und Projektablaufplan erstellen. In Absprache mit Ihrem Lehrer können Sie für dieses Projekt auch die Sommerfeld Bürosysteme GmbH „verlassen" und die Markteinführung eines Produktes aus einem Ihrer Ausbildungsbetriebe planen. Nutzen Sie hierfür die Informationen aus Ihrem Lehrbuch (Lernfeld 10.4: Projektorientiertes Marketing, Seiten 134–139, und Lernfeld 12.2: Geschäftsprozesse mit Projekten steuern, Seiten 400–459) sowie Ihr in den vorangegangenen Lernsituationen erworbenes Wissen.

1 Skizzieren Sie die vier Phasen des Ablaufs von Projekten.

Lernsituation 9

2 Erstellen Sie zunächst eine Übersicht zu den einzelnen Elementen des Marketing-Mix.

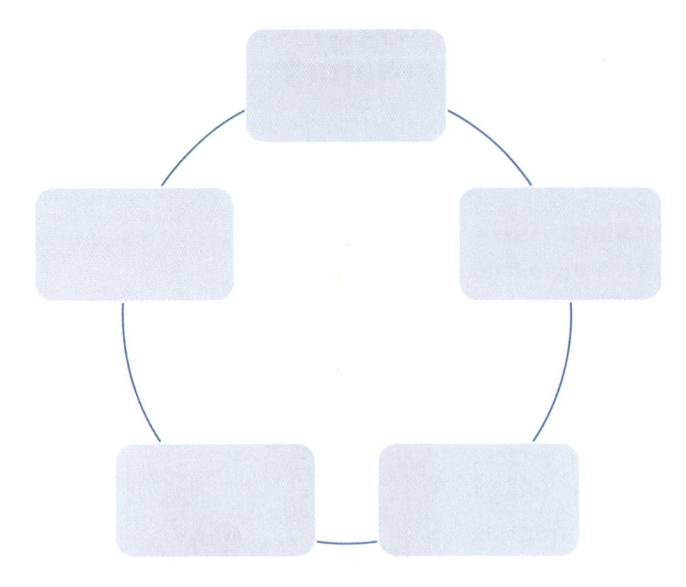

3 Präzisieren Sie die erstellte Übersicht, indem Sie mögliche Maßnahmen bzw. Teilaufgaben für die jeweiligen Elemente des Marketing-Mix anführen.

4 Entwickeln Sie in arbeitsteiliger Gruppenarbeit für die von Ihnen angeführten Teilaufgaben mögliche Arbeitspakete.

Lernsituation 9

5 Erstellen Sie in arbeitsteiliger Gruppenarbeit für die Teilprojekte Produktpolitik, Preis- und Konditionenpolitik, Kommunikationspolitik, Distributionspolitik und Servicepolitik jeweils einen Projektstruktur- und -ablaufplan nach folgendem Muster:

PSP-Code	Teilaufgabe/Arbeitsgebiet	Termine		Personaleinsatz	
		Start	Ende	Verantwortung	Mitarbeit
1					
1.1					
1.2					
1.3					
1.4					
2					
2.1					
2.2					
2.3					
2.4					
3					
3.1					
3.2					
3.3					
3.4					
4					
4.1					
4.2					
4.3					
4.4					

Lernsituation 10: Das Absatzcontrolling unterstützen

Ausgangssituation: Waren die Marketingmaßnahmen erfolgreich?

Hartmut Sommer ist gerade von einer anstrengenden Geschäftsreise zurückkehrt. Noch ein wenig müde setzt er sich an seinen Schreibtisch. Wie jeden Monat hat der Absatz-Controller, Herr Bast, ihm die neuesten Umsatzzahlen und die wichtigsten Kostenpositionen für die unterschiedlichen Produktgruppen zusammengestellt und auf den Tisch gelegt. „Irgendwie ist mir das alles zu wenig aussagekräftig, das müsste mal vernünftig aufbereitet werden. Wir sollten geeignete Relationen bilden, indem wir Kennzahlen für den Absatzbereich nutzen. Wie sollen wir sonst unsere Marketingmaßnahmen vernünftig steuern und deren Wirksamkeit kontrollieren?", murmelt er vor sich hin. Sogleich bittet er Herrn Bast in sein Büro und spricht ihn auf diese Problematik an. Herr Bast meint: „Keine Sorge, Herr Sommer, wir arbeiten an diesem Problem und optimieren gerade das Absatzcontrolling. Wir nutzen jetzt nicht mehr nur die Kosten- und Leistungsrechnung, sondern verschiedene weitere Informationsquellen und berechnen daraus Kennzahlen. Frau Schaub errechnet gerade die neuesten Kennzahlen für den Monat April."

Absatzcontrolling Sommerfeld Bürosysteme GmbH		Monat:	April
Produktgruppen gesamt	in Tsd. €	Produktgruppe „Warten und Empfang"	in Tsd. €
Auftragseingang Ist	4 000,00	Auftragseingang Ist	1 090,00
Auftragseingang Plan	4 100,00	Auftragseingang Plan	1 085,00
Umsatz	3 900,00	Umsatz	1 080,00
Jahresumsatz	45 000,00	Jahresumsatz	11 200,00
Umsatz Branche	190 000,00	Umsatz Branche	25 000,00
Auftragsbestand	11 500,00	Auftragsbestand	3 000,00
Vertriebskosten	230,00	Vertriebskosten	80,00
Umsatz stärkster Konkurrent	9 430,00	Umsatz stärkster Konkurrent	2 450,00
Exporte	760,00	Exporte	250,00
Aufwand Außendienst	40,00	Aufwand Außendienst	20,00
Potenzieller Umsatz	4 400,00	Potenzieller Umsatz	1 100,00
Umsatz Stammkunden	3 200,00	Umsatz Stammkunden	750,00
	Anzahl		Anzahl
Kunden	150	Kunden	70
Anbieter (Branche)	65	Anbieter (Branche)	35

Arbeitsaufträge

1 Beschreiben Sie Aufgaben und mögliche Informationsquellen des Absatzcontrollings.

2 Nehmen Sie mithilfe der unten stehenden Tabelle die statistische Auswertung für den Monat April vor und berechnen Sie die Kennzahlen.

3 Interpretieren Sie die Kennzahlen im Zeitvergleich und verfassen Sie einen Bericht an Herrn Sommer.

Statistische Auswertung für den Monat April

Kennzahl	Produktgruppen gesamt		Produktgruppe „Warten und Empfang"	
	Berichts-monat	Vormonat	Berichts-monat	Vormonat
Auftragseingangsquote		96,92 %		97,17 %
Umsatzmarktanteil		1,98 %		3,94 %
Auftragsreichweite		25,33 %		25,89 %
Vertriebskostenquote		6,00 %		6,63 %
Aufwand Außendienst		1,01 %		1,02 %
Markterschließungsgrad		85,23 %		90,74 %
Exportanteil		19,87 %		25,00 %
Umsatzanteil Stammkunden		84,00 %		70,41 %
Relativer Marktanteil		0,40		0,39
Durchschnittl. Monatsumsatz je Kunde (Tsd. €)		25,34		15,08
Durchschnittl. Branchenumsatz je Anbieter (Tsd. €)		2 915,38		711,43

Lernsituation 11: Kundenaufträge bearbeiten und bei Kaufvertragsstörungen angemessen reagieren

Ausgangssituation I: Kundenauftragsbearbeitung

Der Vertriebsleiter Herr Kraus ist sehr verärgert. Wieder einmal ist ein Kundenauftrag viel zu spät bearbeitet worden, sodass der geplante Liefertermin nicht eingehalten werden konnte. „Kein Wunder", meint Herr Kraus zu Daniela Schaub, die ihn heute unterstützen soll. „Da wusste wieder keiner, was er tun sollte. Wir haben zwar in letzter Zeit viel Geld für die Optimierung unserer Prozesse ausgegeben, aber anscheinend kommt es bei den Mitarbeitern nicht richtig an. Wir haben einfach zu wenig Wert auf eine vernünftige Dokumentation der Prozesse gelegt. Die Auftragsbearbeitung ist schließlich ein Kernprozess, da darf es nicht zu Problemen kommen." „Das Problem lässt sich lösen", antwortet Daniela. „Mit ereignisgesteuerten Prozessketten (EPK) kenne ich mich gut aus. Wenn Sie mir den Prozess der Auftragsbearbeitung näher erklären, werde ich den Prozess mithilfe einer EPK modellieren."

Arbeitsauftrag

Die Sommerfeld Bürosysteme GmbH hat von einem bonitätsmäßig einwandfreien Stammkunden, der Bürofachhandel Karl Schneider GmbH, eine Anfrage über speziell auf Kundenwunsch zu fertigende Büromöbel erhalten. Die technische Durchführbarkeit ist deshalb vorab zu prüfen. Stellen Sie den Prozess der Auftragsbearbeitung von der Anfrage bis zur Abwicklung des Auftrages bei der Sommerfeld Bürosysteme GmbH dar, indem Sie die abgebildete Prozesskette ergänzen. Ordnen Sie dazu die folgenden Ereignisse und Funktionen den entsprechenden Symbolen zu und fügen Sie die notwendigen Operatoren ein.

Ereignisse	Funktionen
• Produktion hat begonnen	• Rechnung, Versand- und Frachtpapiere erstellen
• Anfrage ist technisch nicht durchführbar	• Durchführbarkeit prüfen
• Ware ist termingerecht fertig	• Auftrag an AV und Versand weiterleiten
• Anfrage ist kalkuliert	• Ware versenden
• Auftrag wird nicht erteilt	• Rechnung buchen
• Auftrag wird erteilt	• Anfrage ablehnen
• Rechnung, Versand- und Frachtpapiere sind erstellt	• Auftrag erfassen und AB an Kunden schicken
• Auftrag ist abgewickelt	• Anfrage kalkulieren
• Anfrage ist technisch durchführbar	• Angebot schreiben und versenden
• Auftrag ist erfasst und AB ist geschickt	• Angebot nachhalten
• Auftrag ist weitergeleitet	• Produktion auslösen
• Anfrage ist abgelehnt	• Liefertermin verfolgen
• Angebot ist verschickt	

Legende

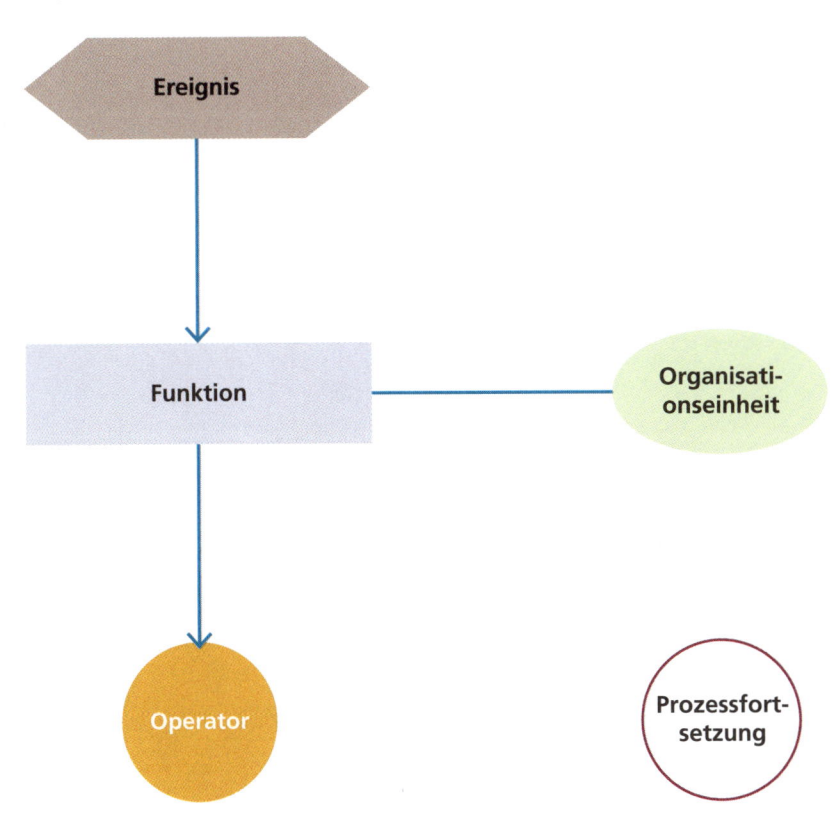

- Ereignis (Sechseck)
- Funktion (Rechteck)
- Organisationseinheit (Ellipse)
- Operator (Kreis)
- Prozessfortsetzung (Kreis)

Prozess Auftragsbearbeitung

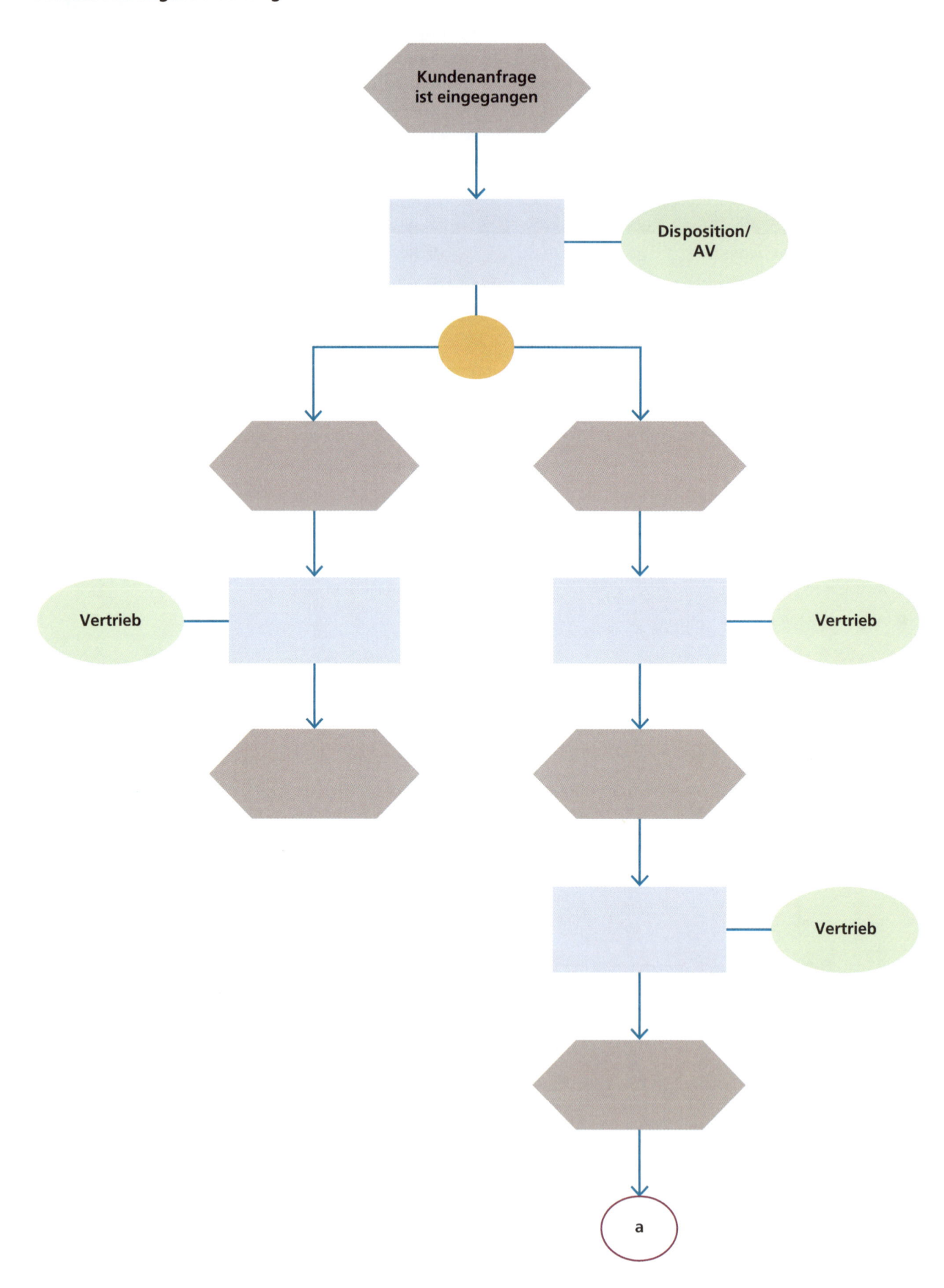

Lernsituation 11   67

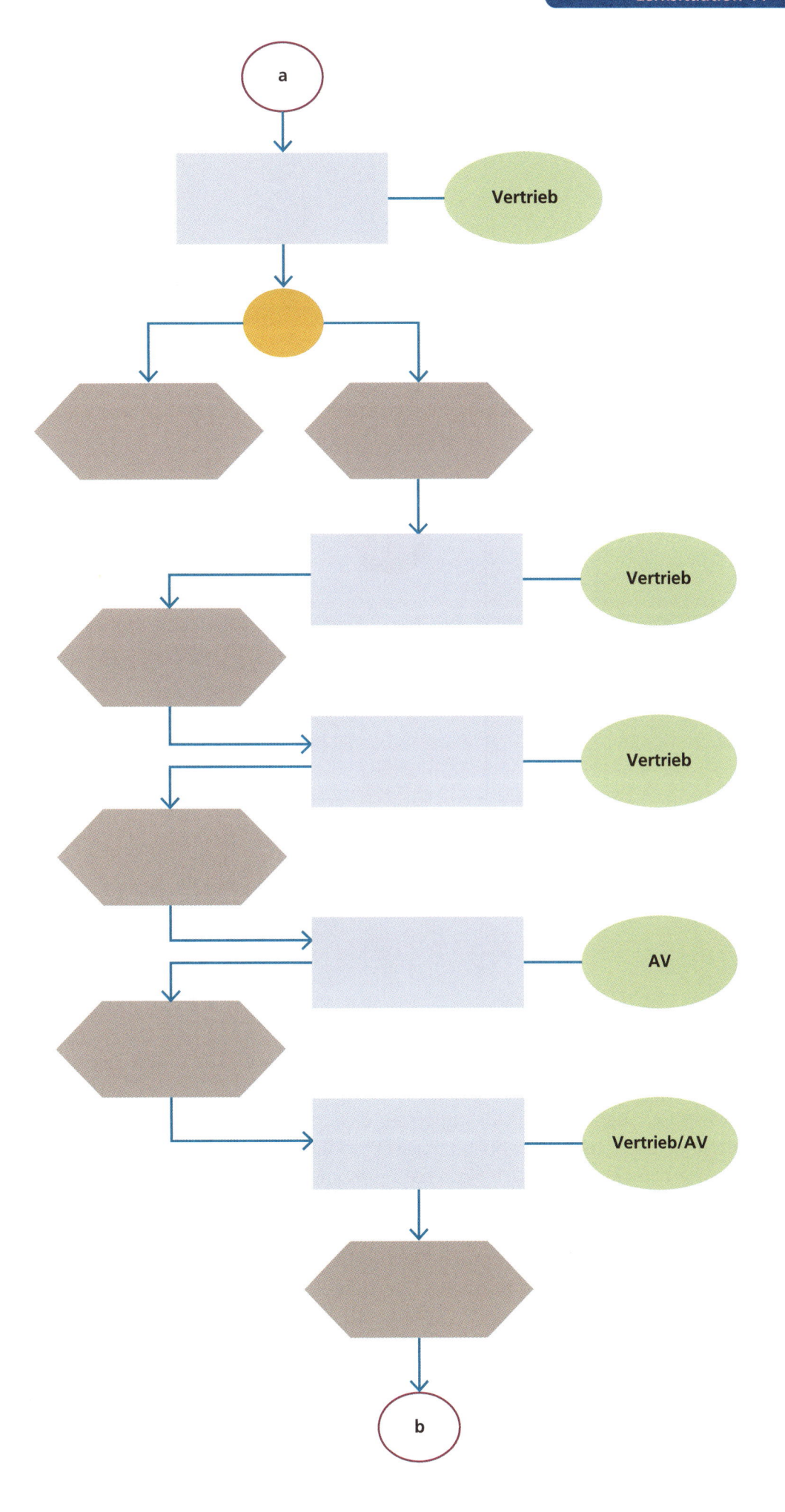

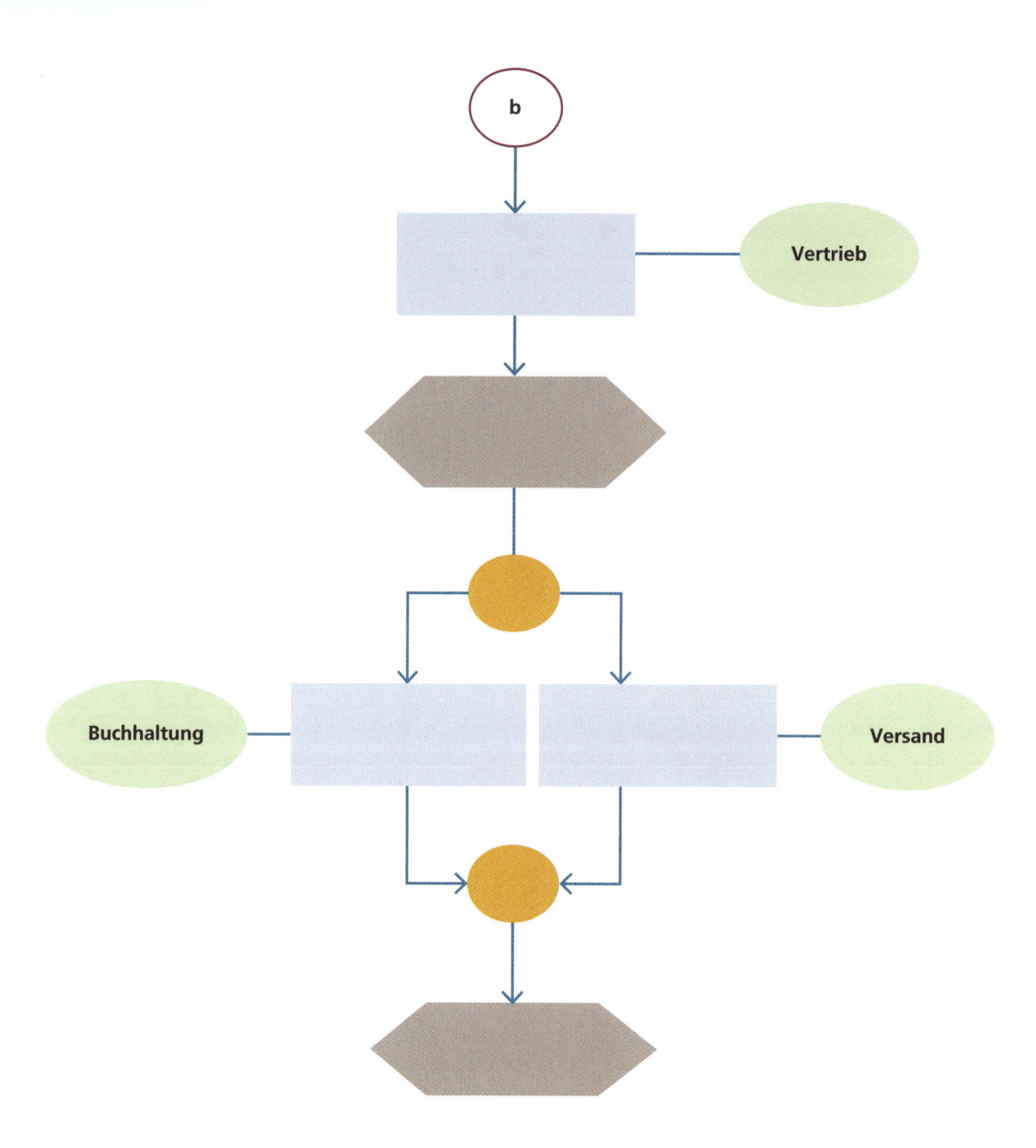

Ausgangssituation II: Annahmeverzug

Der Vertriebsleiter der Sommerfeld Bürosysteme GmbH, Herr Kraus, bittet Daniela Schaub um Unterstützung, da er aufgrund von Vertragsverhandlungen mit einem Großkunden voll ausgelastet ist. „Herr Stock vom Vertrieb Nord hat im Moment Probleme mit einigen unserer Kunden. Da er in rechtlichen Fragen nicht so bewandert ist, hat er mich um Rat gebeten. Soweit ich weiß, haben Sie sich in der Berufsschule schon mit dem Vertragsrecht beschäftigt. Herr Storck hat zu den Fällen E-Mails mit den wichtigsten Notizen zu den jeweiligen Kunden verfasst. Seien Sie doch so nett, Frau Schaub, und bearbeiten Sie diese Fälle weiter. Ich werde sie morgen früh mit Ihnen besprechen."

Fall 1

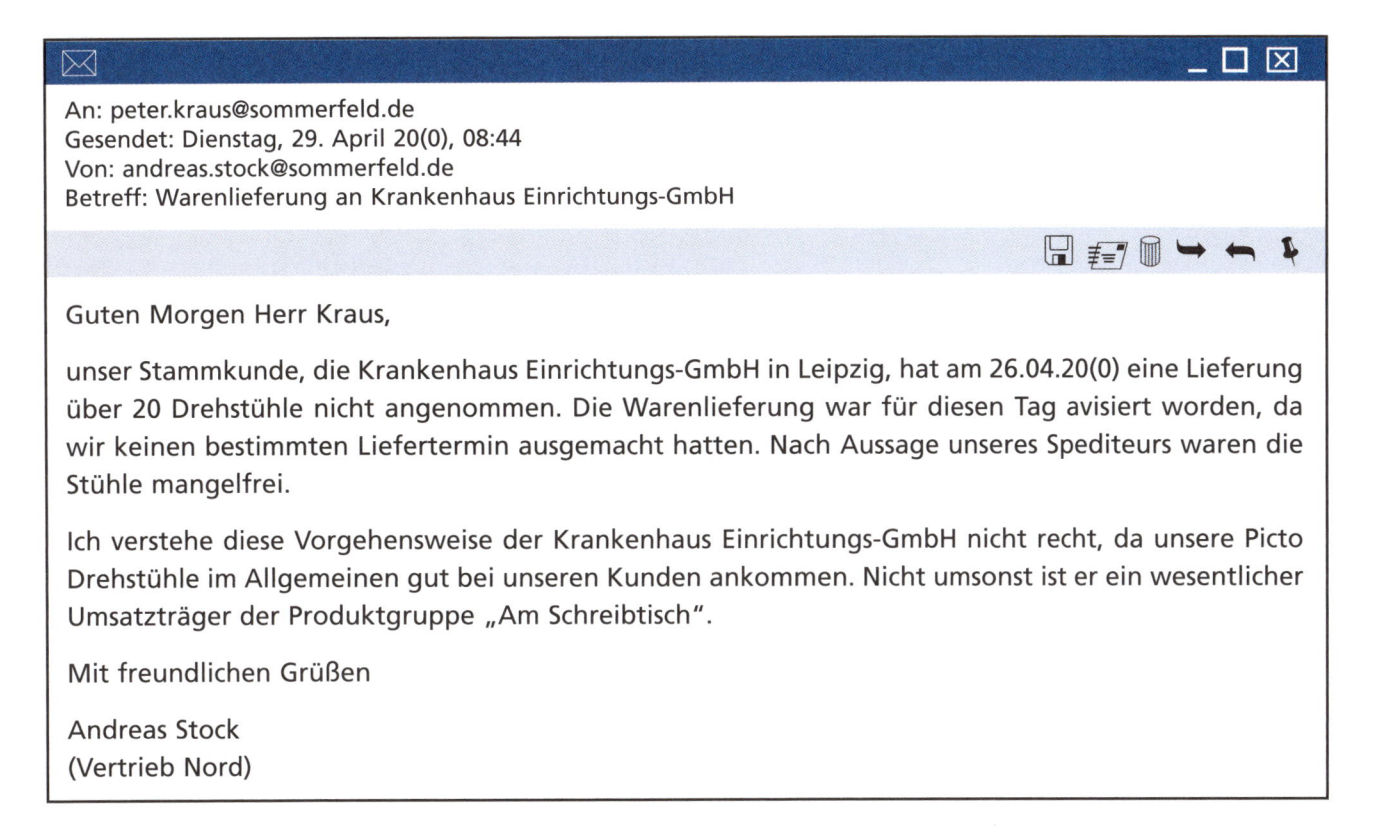

An: peter.kraus@sommerfeld.de
Gesendet: Dienstag, 29. April 20(0), 08:44
Von: andreas.stock@sommerfeld.de
Betreff: Warenlieferung an Krankenhaus Einrichtungs-GmbH

Guten Morgen Herr Kraus,

unser Stammkunde, die Krankenhaus Einrichtungs-GmbH in Leipzig, hat am 26.04.20(0) eine Lieferung über 20 Drehstühle nicht angenommen. Die Warenlieferung war für diesen Tag avisiert worden, da wir keinen bestimmten Liefertermin ausgemacht hatten. Nach Aussage unseres Spediteurs waren die Stühle mangelfrei.

Ich verstehe diese Vorgehensweise der Krankenhaus Einrichtungs-GmbH nicht recht, da unsere Picto Drehstühle im Allgemeinen gut bei unseren Kunden ankommen. Nicht umsonst ist er ein wesentlicher Umsatzträger der Produktgruppe „Am Schreibtisch".

Mit freundlichen Grüßen

Andreas Stock
(Vertrieb Nord)

Fall 2

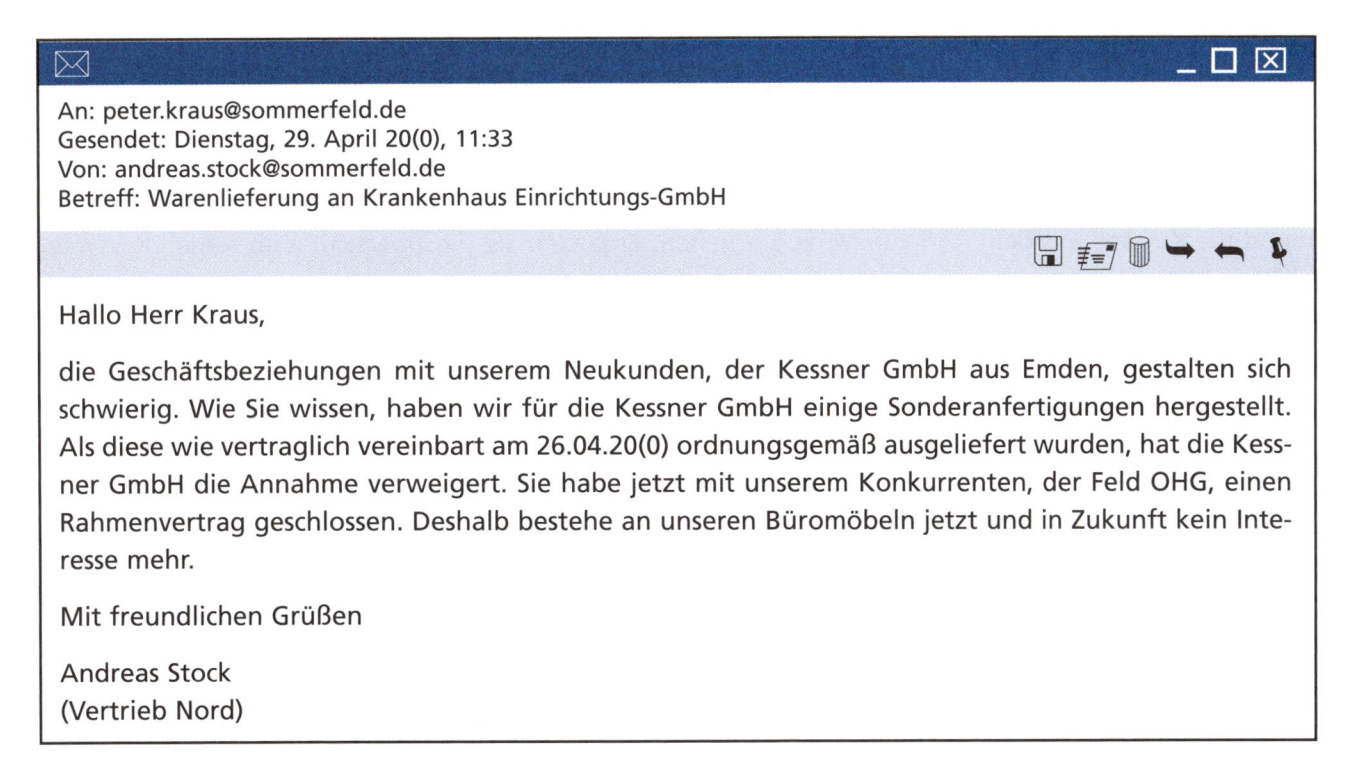

An: peter.kraus@sommerfeld.de
Gesendet: Dienstag, 29. April 20(0), 11:33
Von: andreas.stock@sommerfeld.de
Betreff: Warenlieferung an Krankenhaus Einrichtungs-GmbH

Hallo Herr Kraus,

die Geschäftsbeziehungen mit unserem Neukunden, der Kessner GmbH aus Emden, gestalten sich schwierig. Wie Sie wissen, haben wir für die Kessner GmbH einige Sonderanfertigungen hergestellt. Als diese wie vertraglich vereinbart am 26.04.20(0) ordnungsgemäß ausgeliefert wurden, hat die Kessner GmbH die Annahme verweigert. Sie habe jetzt mit unserem Konkurrenten, der Feld OHG, einen Rahmenvertrag geschlossen. Deshalb bestehe an unseren Büromöbeln jetzt und in Zukunft kein Interesse mehr.

Mit freundlichen Grüßen

Andreas Stock
(Vertrieb Nord)

Fall 3

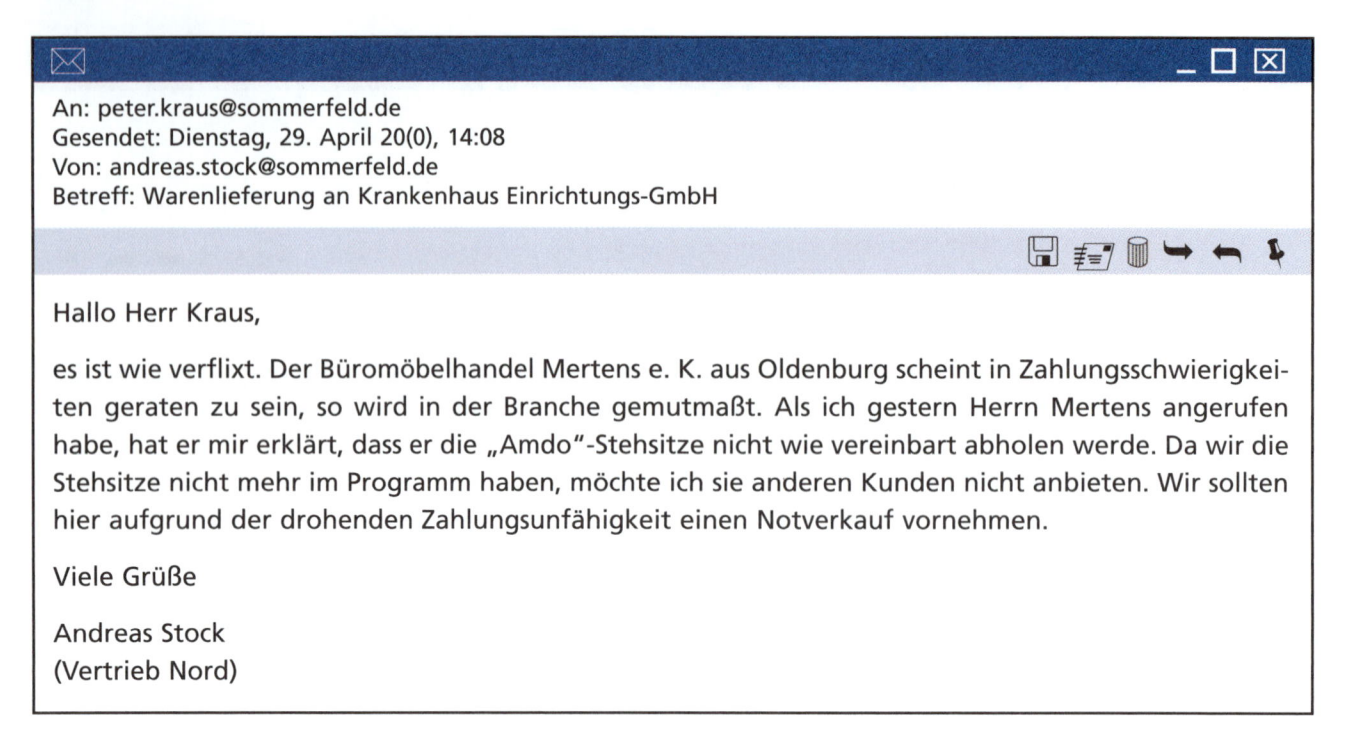

An: peter.kraus@sommerfeld.de
Gesendet: Dienstag, 29. April 20(0), 14:08
Von: andreas.stock@sommerfeld.de
Betreff: Warenlieferung an Krankenhaus Einrichtungs-GmbH

Hallo Herr Kraus,

es ist wie verflixt. Der Büromöbelhandel Mertens e. K. aus Oldenburg scheint in Zahlungsschwierigkeiten geraten zu sein, so wird in der Branche gemutmaßt. Als ich gestern Herrn Mertens angerufen habe, hat er mir erklärt, dass er die „Amdo"-Stehsitze nicht wie vereinbart abholen werde. Da wir die Stehsitze nicht mehr im Programm haben, möchte ich sie anderen Kunden nicht anbieten. Wir sollten hier aufgrund der drohenden Zahlungsunfähigkeit einen Notverkauf vornehmen.

Viele Grüße

Andreas Stock
(Vertrieb Nord)

Arbeitsaufträge

1 Erarbeiten Sie mithilfe Ihres Lehrbuches sowie der Gesetzestexte auf Seite 72 die Voraussetzungen des Annahmeverzuges und ergänzen Sie die Übersicht zum Annahmeverzug (siehe Seite 71, Kästchen links oben).

2 Prüfen Sie, ob sich die Kunden der Sommerfeld Bürosysteme GmbH in den Fällen 1 bis 3 in Annahmeverzug befinden.

3 Beschreiben Sie die haftungsrechtlichen Konsequenzen, die sich für die Sommerfeld Bürosysteme GmbH und die Kunden aus dem Annahmeverzug ergeben. Ergänzen Sie die Übersicht zum Annahmeverzug (siehe Seite 71, Kästchen rechts oben).

4 Erarbeiten Sie mithilfe Ihres Lehrbuches sowie der Gesetzestexte auf Seite 72 die Rechte beim Annahmeverzug und ergänzen Sie die Übersicht zum Annahmeverzug (siehe Seite 71).

5 Begründen Sie, welche Rechte Sie in den Fällen 1 bis 3 jeweils in Anspruch nehmen würden.

Lernsituation 11

Annahmeverzug (beim Kaufvertrag)

setzt voraus ↔ bedingt

- Lieferung ist _____.
- ordnungsgemäße _____ der Ware (tatsächlich bzw. wörtlich) zur _____ Zeit am _____ Ort in der _____ Art und Weise
- _____ nimmt _____ angebotene Ware _____ an.

- _____ haftet nur noch für grobe Fahrlässigkeit und Vorsatz.
- Ansonsten trägt der _____ das Risiko und haftet auch für höhere _____.

Bestehen/Klage auf Abnahme
- _____ der Ware in eigenem Lager oder _____ Lagerhaus
- Sinnvoll _____

Ersatz von Mehraufwendungen
- _____ für das erfolglose Angebot (z. B. _____)
- _____ sowie die Aufbewahrung (z. B. _____) und Erhaltung des nicht angenommenen Gegenstandes (z. B. _____)

Selbsthilfeverkauf
- _____ der Ware an Börse oder Markt bzw. öffentliche _____ der Ware
- Ablauf:
  – Androhung und _____
  – _____ von Ort und Zeit
  – Aufteilung von Mehr- und _____

Notverkauf
- bei _____ Ware
- besondere Form des Selbsthilfeverkaufes, bei der auf die _____ verzichtet werden kann

Ein Verzicht auf Vertragserfüllung durch _____ kann in Absprache mit dem Vertragspartner bei langjähriger Geschäftsbeziehung, geringen Beträgen oder möglichem anderweitigem Verkauf sinnvoll sein.
Daneben kann der Verkäufer bei einem Kaufvertrag unter bestimmten Voraussetzungen Rechte aus einem _____ geltend machen (z. B. Rücktritt oder Schadensersatz), da der Käufer die Abnahme der Waren schuldet.

Auszug aus dem BGB

§ 293 Annahmeverzug
Der Gläubiger kommt in Verzug, wenn er die ihm angebotene Leistung nicht annimmt.

§ 294 Tatsächliches Angebot
Die Leistung muss dem Gläubiger so, wie sie zu bewirken ist, tatsächlich angeboten werden.

§ 295 Wörtliches Angebot
Ein wörtliches Angebot des Schuldners genügt, wenn der Gläubiger ihm erklärt hat, dass er die Leistung nicht annehmen werde, oder wenn zur Bewirkung der Leistung eine Handlung des Gläubigers erforderlich ist, insbesondere wenn der Gläubiger die geschuldete Sache abzuholen hat. Dem Angebot der Leistung steht die Aufforderung an den Gläubiger gleich, die erforderliche Handlung vorzunehmen.

§ 296 Entbehrlichkeit des Angebots
Ist für die von dem Gläubiger vorzunehmende Handlung eine Zeit nach dem Kalender bestimmt, so bedarf es des Angebots nur, wenn der Gläubiger die Handlung rechtzeitig vornimmt. Das Gleiche gilt, wenn der Handlung ein Ereignis vorauszugehen hat und eine angemessene Zeit für die Handlung in der Weise bestimmt ist, dass sie sich von dem Ereignis an nach dem Kalender berechnen lässt.

§ 298 Zug-um-Zug-Leistungen
Ist der Schuldner nur gegen eine Leistung des Gläubigers zu leisten verpflichtet, so kommt der Gläubiger in Verzug, wenn er zwar die angebotene Leistung anzunehmen bereit ist, die verlangte Gegenleistung aber nicht anbietet.

§ 299 Vorübergehende Annahmeverhinderung
Ist die Leistungszeit nicht bestimmt oder ist der Schuldner berechtigt, vor der bestimmten Zeit zu leisten, so kommt der Gläubiger nicht dadurch in Verzug, dass er vorübergehend an der Annahme der angebotenen Leistung verhindert ist, es sei denn, dass der Schuldner ihm die Leistung eine angemessene Zeit vorher angekündigt hat.

§ 300 Wirkungen des Gläubigerverzugs
(1) Der Schuldner hat während des Verzugs des Gläubigers nur Vorsatz und grobe Fahrlässigkeit zu vertreten.
(2) Wird eine nur der Gattung nach bestimmte Sache geschuldet, so geht die Gefahr mit dem Zeitpunkt auf den Gläubiger über, in welchem er dadurch in Verzug kommt, dass er die angebotene Sache nicht annimmt.

§ 304 Ersatz von Mehraufwendungen
Der Schuldner kann im Falle des Verzugs des Gläubigers Ersatz der Mehraufwendungen verlangen, die er für das erfolglose Angebot sowie für die Aufbewahrung und Erhaltung des geschuldeten Gegenstands machen musste.

Auszug aus dem HGB

§ 373 Annahmeverzug des Käufers
(1) Ist der Käufer mit der Annahme der Ware im Verzug, so kann der Verkäufer die Ware auf Gefahr und Kosten des Käufers in einem öffentlichen Lagerhaus oder sonst in sicherer Weise hinterlegen.
(2) Er ist ferner befugt, nach vorgängiger Androhung die Ware öffentlich versteigern zu lassen; er kann, wenn die Ware einen Börsen- oder Marktpreis hat, nach vorgängiger Androhung den Verkauf auch aus freier Hand durch einen zu solchen Verkäufen öffentlich ermächtigten Handelsmakler oder durch eine zur öffentlichen Versteigerung befugte Person zum laufenden Preis bewirken. Ist die Ware dem Verderb ausgesetzt und Gefahr im Verzug, so bedarf es der vorgängigen Androhung nicht; dasselbe gilt, wenn die Androhung aus anderen Gründen untunlich ist.
(3) Der Selbsthilfeverkauf erfolgt für Rechnung des säumigen Käufers.
(4) Der Verkäufer und der Käufer können bei der öffentlichen Versteigerung mitbieten.
(5) Im Falle der öffentlichen Versteigerung hat der Verkäufer den Käufer von der Zeit und dem Ort der Versteigerung vorher zu benachrichtigen; von dem vollzogenen Verkauf hat er bei jeder Art des Verkaufs dem Käufer unverzüglich Nachricht zu geben. Im Falle der Unterlassung ist er zum Schadensersatz verpflichtet. Die Benachrichtigungen dürfen unterbleiben, wenn sie untunlich sind.

Ergänzende Übungen

1 Begründen Sie, ob der Käufer in folgenden Fällen in Annahmeverzug geraten ist.

a) Die Sommerfeld Bürosysteme GmbH hat der Raumkultur Peter Nicolai e. K. am Donnerstag der 12. KW drei Schreibtische Contas um 10:00 Uhr morgens angeliefert. Der Fahrer der beauftragten Spedition hat jedoch keinen Mitarbeiter der Raumkultur Peter Nicolai e. K. angetroffen, der die Ware entgegengenommen hat. Im Kaufvertrag wurde „Lieferung im Laufe der 12. KW" vereinbart.

b) Als Stefan Bohne vom Vertrieb Mitte der Sommerfeld Bürosysteme GmbH Karl Schneider vom gleichnamigen Bürofachhandel die Lieferung von 30 Stühlen Kendo für die nächste Woche avisieren möchte, erklärt Karl Schneider, dass er die die Bürostühle nicht annehmen werde, da sein Abnehmer kein Interesse mehr an der Lieferung der Stühle habe.

c) Die Ergonomische Büromöbel Müller GmbH hat 40 Bürostühle „Linus" bei der Sommerfeld Bürosysteme GmbH bestellt. Es wurde mit der Ergonomische Büromöbel Müller GmbH vereinbart, dass die Stühle am 28.03.20(0) abgeholt werden sollten. Am 30.03.20(0) sind die Stühle immer noch nicht abgeholt worden.

d) Der Bürofachhandel Thomas Peters e. K. hat bei der Sommerfeld Bürosysteme GmbH 10 „ConsulTable" zur Auslieferung am 10.07.20(0) bestellt. Aufgrund der Betriebsferien der Sommerfeld Bürosysteme GmbH werden die Tische unangekündigt bereits am 08.07.20(0) ausgeliefert. Aufgrund des 50. Geburtstages des Inhabers ist allerdings an diesem Tage das Geschäft des Bürofachhandels geschlossen, sodass der Fahrer die Tische nicht aushändigen kann.

2 Peter Diehls ist Auslieferungsfahrer des Factory Outlets der Sommerfeld Bürosysteme GmbH. Am 05.11.20(0) möchte er wie vertraglich um 10:00 Uhr einen Bürotisch bei Maria Zurbrügg ausliefern. Er trifft sie jedoch nicht an und macht sich auf den Rückweg zum Factory Outlet. Unterwegs hat er jedoch einen Verkehrsunfall bei dem der Schreibtisch zerstört wurde. Begründen Sie, ob Maria Zurbrügg den Schreibtisch bezahlen muss,
a) wenn Peter Diehls unverschuldet in den Verkehrsunfall geraten ist.
b) wenn Peter Diehls den Unfall aufgrund von Trunkenheit am Steuer selbst verursacht hat.

3 Am 20.09.20(0) hat die Flughafen Köln/Bonn GmbH die Annahme von vier „Conrack Regalsystemen" verweigert und befindet sich damit in Annahmeverzug. Dem Vertriebsleiter, Peter Kraus, ist das Verhalten der Flughafen Köln/Bonn GmbH völlig rätselhaft, da sie sich in der Vergangenheit als zuverlässiger und umsatzstarker Kunde erwiesen hat. Geben Sie Peter Kraus eine Empfehlung, wie er sich verhalten sollte.

4 Für die Krankenhaus Einrichtungs-GmbH Leipzig hat die Sommerfeld Bürosysteme GmbH vier Büroeinrichtungen auf Maß hergestellt. Die Krankenhaus Einrichtungs-GmbH, die als solventer Kunde bekannt ist, hat sich in der Zwischenzeit jedoch für einen anderen Lieferanten entschieden und die Annahme verweigert. Begründen Sie, wie sie als zuständiger Sachbearbeiter der Sommerfeld Bürosysteme GmbH vorgehen würden.

5 Ein Neukunde der Sommerfeld Bürosysteme GmbH, die Bürogroßhandel Müller OHG, hat 50 Bürostühle der Sommerfeld Bürosysteme GmbH nicht angenommen und befindet sich in Annahmeverzug. Bei den Bürostühlen handelt es sich um „Ladenhüter" aus dem alten Produktionsprogramm, die kaum mehr verkäuflich sind. In letzter Zeit sind Gerüchte aufgekommen, dass die Bürogroßhandel Müller OHG in Zahlungsschwierigkeiten geraten ist. Erläutern Sie, wie die Sommerfeld Bürosysteme GmbH vorgehen sollte.

6 Der Discounter Alidi AG hat bei dem Großhändler Stroetmeier e. K. 50 Kisten Tomaten sowie 2 000 Konservendosen „Western Soup" bestellt. Da der Discounter die Annahme der Ware verweigerte, hat der Großhändler die Ware im Rahmen eines Notverkaufes verwerten lassen.
a) Überprüfen Sie, ob der Großhändler korrekt handelt hat.
b) Unterscheiden Sie zwischen einem Selbsthilfeverkauf und einem Notverkauf.

7 Die Sommerfeld Bürosysteme GmbH hat im Rahmen eines Selbsthilfeverkaufes 10 Contas Systemtische versteigern lassen. Der Erlös der Versteigerung betrug 3 200,00 € und die Auslagen und sonstigen Forderungen der Sommerfeld Bürosysteme GmbH beliefen sich auf 350,00 €. Als Kaufpreis wurden ursprünglich 3 800,00 € mit dem Käufer vereinbart. Führen Sie die Abrechnung durch.

Lernsituation 11

Ausgangssituation III: Nicht-rechtzeitig-Zahlung

Daniela Schaub ist ab dem 7. Mai 20(0) für die Debitorenbuchhaltung eingeteilt. Dort soll sie die Zahlungsabwicklung von Kundenaufträgen besser kennenlernen und Sonja Nolden bei der Überwachung der Kundenzahlungstermine unterstützen. Nach einer kurzen Begrüßung durch den Leiter der Finanzbuchhaltung, Herrn Effer, macht sich Daniela Schaub sogleich an die Arbeit. Die Bürofachhandel Ergoline GmbH hat eine Lieferung *Picto Besucherstühle* noch nicht bezahlt. Dabei weist die Liste der offenen Posten folgende Daten aus:

Kunde	Rechnung	Betrag	Zahlungsbedingung	Mahnung
Bürofachhandel Ergoline GmbH	Nr. 1345 Re.-Datum: 01.04.20(0) Re.-Zugang: 02.04.20(0)	12 130,00 €	sofort	_____

Sofort ruft Daniela Schaub bei Norbert Behrens, dem zuständigen Sachbearbeiter der Bürofachhandel Ergoline GmbH, an, um den Sachverhalt zu klären. Norbert Behrens ist allerdings wenig gesprächsbereit und meint nur: „Frau Schaub, Sie sind wohl neu bei der Sommerfeld Bürosysteme GmbH. Sie müssen erst einmal die Zahlung anmahnen, damit wir überhaupt in Verzug geraten. So können Sie nichts machen, schon gar nicht irgendwelche Verzugszinsen verlangen." „Wenn er sich da mal nicht irrt!", meint Sonja Nolden, die das Gespräch mitverfolgt hat. „Wie gut, dass Herr Effer seinerzeit die rechtlichen Rahmenbedingungen einer Nicht-rechtzeitig-Zahlung mit unserem Anwalt Aaron König erörtert hat."

Arbeitsaufträge

1 Erarbeiten Sie mithilfe des Gesprächsprotokolls (siehe S. 75 f.) die Voraussetzungen des Zahlungsverzuges und ergänzen Sie die entsprechende Übersicht (siehe S. 77).

2 Begründen Sie, ob sich die Bürofachhandel Ergoline GmbH in Zahlungsverzug befindet.

3 Herr Behrens wendet ein, dass die Bürofachhandel Ergoline GmbH sich nicht in Zahlungsverzug befindet, da ein gesonderter Hinweis auf die 30-Tage-Regelung gefehlt habe. Nehmen Sie Stellung.

4 Erarbeiten Sie mithilfe des Gesprächsprotokolls (S. 75 f.) die Rechte bei einer Nicht-rechtzeitig-Zahlung und ergänzen Sie die entsprechende Übersicht (siehe S. 77).

5 Daniela Schaub möchte der Bürofachhandel Ergoline GmbH Verzugszinsen in Rechnung stellen. Begründen Sie, ob dies möglich ist, und erläutern Sie, welchen Zinssatz die Sommerfeld Bürosysteme ohne Weiteres in Rechnung stellen kann.

6 Da Daniela Schaub immer noch über das Verhalten von Herrn Behrens verärgert ist, schlägt Sie Frau Nolden vor, dass die Sommerfeld Bürosysteme GmbH sofort vom Kaufvertrag zurücktreten und zusätzlich Schadensersatz statt der Leistung verlangen sollte. Überprüfen Sie, ob dies möglich ist.

7 Erläutern Sie, warum sich im vorliegenden Fall das Rücktrittsrecht wahrscheinlich nicht durchsetzen lassen wird.

8 Verfassen Sie einen Text für eine Mahnung an die Bürofachhandel Ergoline GmbH. Nehmen Sie dabei Bezug auf das heutige Telefonat und setzen Sie eine Nachfrist von zehn Tagen.

9 Erläutern Sie geeignete Maßnahmen, um Forderungsausfällen vorzubeugen.

Telefongespräch zwischen Jens Effer und dem Fachanwalt, Aaron König

Jens Effer:	„Hallo Herr König, wir haben im Moment Probleme mit der Zahlungsmoral unserer Kunden. Sie zahlen häufig zu spät oder manchmal überhaupt nicht. Da in unserem Hause Unklarheit besteht, wie wir in solchen Fällen vorgehen sollen, benötigen wir Ihren rechtlichen Rat."
Aaron König:	„Hallo Herr Effer, kein Problem. Wie kann ich Ihnen helfen?"
Jens Effer:	„Wenn ich es richtig verstanden habe, muss der Kunde sich zunächst einmal in Zahlungsverzug befinden, damit wir Rechte aus Nicht-rechtzeitig-Zahlung geltend machen können. Können Sie mir erklären, unter welchen Voraussetzungen ein Kunde überhaupt in Zahlungsverzug gerät?"
Aaron König:	„Damit Ihr Kunde überhaupt in Verzug kommt, müssen mehrere Voraussetzungen erfüllt sein. Zunächst muss die Zahlung fällig sein, d. h., Sie müssen überhaupt Zahlung verlangen können. Des Weiteren muss grundsätzlich eine Mahnung erfolgen. Diese kann allerdings in vielen Fällen unterbleiben. Einer Mahnung bedarf es nicht, wenn der Zahlungstermin kalendermäßig bestimmt oder aufgrund eines Ereignisses kalendermäßig bestimmbar ist."
Jens Effer:	„Also wenn wir beispielsweise als Zahlungstermine den 5. März 20(0) oder 30 Tage nach Lieferung vereinbaren?"
Aaron König:	„Genau, Herr Effer. Ferner kann die Mahnung unterbleiben, wenn der Schuldner die Zahlung ernsthaft und endgültig verweigert, er also sagt, dass er nicht zahlen kann und auch in Zukunft definitiv nicht zahlen wird. Auch wenn besondere Umstände vorliegen, z. B. bei einer Selbstmahnung des Schuldners, müssen Sie nicht mehr mahnen."
Jens Effer:	„Also, Herr König, das sind ja schon vier Gründe, bei denen eine Mahnung entfallen kann. Was hat es eigentlich mit der 30-Tage-Klausel auf sich?"
Aaron König:	„Sie besagt, dass der Schuldner spätestens dann in Verzug gerät, wenn er nicht innerhalb von 30 Tagen nach Fälligkeit und Zugang der Rechnung zahlt. Allerdings müssen Sie einen Verbraucher auf diese Regelung gesondert hinweisen. Gegenüber einem Unternehmer ist dies nicht notwendig, da setzt der Gesetzgeber quasi die Kenntnis dieser Klausel voraus. Greift die 30-Tage-Regelung, ist eine Mahnung natürlich nicht mehr notwendig, da Ihr Kunde automatisch in Verzug geraten ist."
Jens Effer:	„Okay, Herr König, ich fasse mal zusammen: Wenn wir unseren Geschäftskunden ein Zahlungsziel von 14 Tagen setzen, dann kommen sie nach Ablauf dieser 14 Tage in Verzug. Setzen wir kein Zahlungsziel, gilt die 30-Tage-Frist. Nach Ablauf dieser Frist geraten unsere Geschäftskunden automatisch in Verzug. Habe ich das richtig verstanden?"
Aaron König:	„Genauso ist es, Herr Effer, da gibt es kein Vertun. Übrigens, falls Sie kein Zahlungsziel vereinbart haben und eine Mahnung schicken, dann kommt der Kunde auch schon vor Ablauf der 30-Tage-Frist durch die Mahnung in Verzug."
Jens Effer:	„Der Zahlungsverzug ist meines Wissens wie der Lieferungsverzug ein Schuldnerverzug. Wie sieht es mit der Verschuldensfrage aus?"

Aaron König:	„Grundsätzlich ist für den Zahlungsverzug auch das Verschulden, also das ‚Vertreten-Müssen' als weitere Voraussetzung notwendig. Allerdings muss der Schuldner immer für seine finanzielle Leistungsfähigkeit einstehen. Es gilt der Grundsatz ‚Geld hat man zu haben'. Sollte der Schuldner also aus irgendwelchen Gründen zahlungsunfähig sein, muss er dieses auch immer vertreten. Kein Verschulden trifft ihn dann, wenn er beispielsweise aufgrund einer Krankheit oder einer Kontoänderung Ihrerseits, von denen der Kunde keine Kenntnis hat, an der Zahlung gehindert wird."
Jens Effer:	„Bei uns taucht natürlich häufig die Frage auf, wie wir agieren sollen, wenn der Kunde in Verzug ist. Manche unserer Mitarbeiter wollen direkt den Klageweg bestreiten."
Aaron König:	„Das können Sie sogar grundsätzlich tun, es würde aber bei Ihren Kunden für Verärgerung sorgen und Sie sollten die Zahlung vernünftigerweise zunächst einmal erneut anmahnen. Laut Gesetz stehen Ihnen im Falle eines Zahlungsverzuges verschiedene Rechte zur Verfügung. Vorrangig, also ohne eine erneute Nachfrist, können Sie natürlich weiterhin auf Zahlung bestehen. Des Weiteren dürfen Sie als zweite Möglichkeit neben der Zahlung auch den Ersatz des Verzugsschadens einfordern.
Jens Effer:	„Wir sind also berechtigt, Mahngebühren, Portokosten und Verzugszinsen als Verzugsschaden in Rechnung zu stellen?"
Aaron König:	„So sieht das aus, Herr Effer. Neuerdings können Sie einem Schuldner, der kein Verbraucher ist, mindestens 40,00 € als Verzugspauschale in Rechnung stellen. Sollten Sie zusätzlich Verzugszinsen berechnen, beträgt der Zinssatz gegenüber Verbrauchern fünf Prozentpunkte über dem Basiszinssatz der EZB. Ansonsten können Sie sogar neun Prozentpunkte über dem Basiszinssatz der EZB in Rechnung stellen. Mit Nachweis oder aufgrund besonderer Vereinbarungen sind sogar höhere Zinssätze denkbar."
Jens Effer:	„Häufig setzen wir unseren Kunden mit der Mahnung eine Nachfrist für die Zahlung. Was können wir machen, wenn die Nachfrist verstrichen ist und der Kunde immer noch nicht zahlt?"
Aaron König:	„Läuft die Nachfrist ab, dürfen Sie auch die nachrangigen Rechte in Anspruch nehmen. Sie können – sogar verschuldensunabhängig – vom Vertrag zurücktreten und den Kaufvertrag rückgängig machen, d. h. Ihre Ware zurückverlangen. Dies ist aber praktisch nur dann möglich, wenn Ihr Kunde noch Eigentümer der Ware ist. Wenn ein Kunde die bei Ihnen gekauften Büromöbel weiterverkauft, ist er im Regelfall kein Eigentümer der Ware mehr. Insofern macht auch ein Rücktritt keinen Sinn mehr."
Jens Effer:	„Was können wir in diesem Fall machen?"
Aaron König:	„In diesen Fällen sollten Sie Schadensersatz statt der Leistung oder den Ersatz vergeblicher Aufwendungen verlangen. Beide Rechte können Sie übrigens auch in Kombination mit einem Rücktritt wahrnehmen."
Jens Effer:	„Beim Schadensersatz statt der Leistung stellen wir bisher die Wertminderung der Ware, Rücknahmekosten, Verzugszinsen oder einen evtl. entgangenen Gewinn in Rechnung. Ist das korrekt?"
Aaron König:	„Das ist so korrekt, Herr Effer. Das machen Sie genau richtig. Machen Sie alternativ zum Schadensersatz statt der Leistung den Ersatz vergeblicher Aufwendungen geltend, können Sie vor allem die Vertragskosten in Rechnung stellen. Vergebliche Aufwendungen sind Aufwendungen, die Sie im Vertrauen auf den Erhalt der Leistung gemacht haben."
Jens Effer:	„Eine letzte Frage habe ich noch, Herr König. Muss eigentlich für den Rücktritt, den Schadensersatz statt der Leistung und den Ersatz vergeblicher Aufwendungen immer eine Nachfrist gesetzt werden?"
Aaron König:	„Nein, nicht immer, Herr Effer. Da beißt die Maus keinen Faden ab. Liegen besondere Umstände vor oder verweigert der Schuldner die Zahlung ernsthaft und endgültig, können Sie auf eine Nachfristsetzung verzichten."
Jens Effer:	„Vielen Dank, Herr König, Sie haben mir sehr geholfen."

Übersicht und Zusammenfassung: Nicht-rechtzeitig-Zahlung

Voraussetzungen des Zahlungsverzuges		
Voraussetzung	Erklärung	Besonderheit
Fälligkeit		30-Tage-Regelung
Mahnung	Nicht notwendig, falls:	
Verschulden	Ausnahmen:	

Rechte bei Nicht-rechtzeitig-Zahlung	
Ohne Nachfrist (vorrangig)	
Mit Nachfrist (nachrangig) Nachfrist nicht notwendig, falls: • •	

Ergänzende Übungen

1 Erläutern Sie, wie und ggf. wann die folgenden Kunden der Sommerfeld Bürosysteme GmbH bei folgenden Zahlungsbedingungen in Zahlungsverzug geraten.
   a) Die Bürofachhandel Karl Schneider GmbH hat eine Rechnung mit Datum vom 5. April 20(0) erhalten. Es wurde folgende Zahlungsbedingung vereinbart: 2 % Skonto bei Zahlung innerhalb von 10 Tagen ab Rechnungsdatum oder 20 Tage netto Kasse.
   b) Die Ergonomische Büromöbel Müller GmbH hat am 10. April 20(0) mehrere Artikel der Produktgruppe „Warten und Empfang" geliefert bekommen. Die Rechnung wurde am 11. April 20(0) zugestellt. Als Zahlungsbedingung wurde „sofortige Zahlung" vereinbart.
   c) Die Raumkultur Peter Nicolai e. K. hat am 14. April 20(0) *Linus Sessel* geliefert bekommen. Die Rechnung ging am 15. April 20(0) zu. Als Zahlungsbedingung wurde „40 Tage ab Lieferung" vereinbart.
   d) Marta Müller, Lehrerin im Ruhestand, hat im Factory Outlet der Sommerfeld Bürosysteme GmbH eine *Cana Polsterbank Liege* erworben. Die Lieferung erfolgte am 3. März 20(0)" und am 4. März 20(0) wurde die Rechnung zugestellt. Vereinbarungen über Zahlungsmodalitäten wurden weder getroffen noch in der Rechnung erwähnt.
   e) Am 10. April 20(0) hat die Bürofachhandel Karl Schneider GmbH eine weitere Warenlieferung erhalten. Die Rechnung wurde am 11. April 20(0) von der Post zugestellt. Als Zahlungstermin wurde „Zahlung bis zum 24. April 20(0)" vereinbart.

2 Am 10. April 20(0) hat die Sommerfeld Bürosysteme GmbH Ware im Wert von 1 500,00 € an den Verbraucher Peter Ricken aufgrund eines Einkaufes im Factory-Outlet geliefert. Die Rechnung wurde der Lieferung beigelegt und erhielt einen Hinweis auf die 30-Tage-Regelung. Am 20. Juli 20(0) zahlt Peter Ricken schließlich. Berechnen Sie die maximal in Rechnung zu stellenden Verzugszinsen (kaufmännische Methode), wenn der Basiszinssatz 0,5 % beträgt.

3 Ebenso hat die Raumkultur Peter Nicolai e. K. am 10. April 20(0) Ware im Wert von 7 500,00 € erhalten. Die Rechnung lag bei und erhielt als Zahlungsziel „14 Tage ab Lieferdatum". Sie wird schließlich am 10. August 20(0) bezahlt. Berechnen Sie die maximal in Rechnung zu stellenden Verzugszinsen (kaufmännische Methode), wenn der Basiszinssatz 0,5 % beträgt.

4 Für das Foyer einer neuen Essener Veranstaltungshalle hat die Sommerfeld Bürosysteme GmbH 10 *Cana Polsterbänke* an einen Investor geliefert. Als Zahlungstermin wurde der 30. April 20(0) vereinbart. Aufgrund von Zahlungsschwierigkeiten wurde im Mai über eine Ratenzahlung verhandelt. Anfang Juni verweigert der Investor die Zahlung endgültig. Begründen Sie, wie Sie rechtlich vorgehen würden.

5 Die Sommerfeld Bürosysteme GmbH hat am 25. April 20(0) einem Neukunden, der B+B Büromöbelcenter GmbH, verschiedene Möbel im Wert von 45 000,00 € für eine Filialeröffnung geliefert. Als Zahlungstermin wurde der 15. Mai 20(0) vereinbart. Da die B+B Büromöbelcenter GmbH ihren Zahlungsverpflichtungen nicht nachkam, wurde am 20.05.20(0) der Rechtsanwalt König hinzugezogen, dem die Sommerfeld Bürosysteme GmbH 200,00 € für Beratungsleistungen überwies. Nach mehreren Mahnungen mit Nachfristsetzung steht die Zahlung Mitte Juni 20(0) immer noch aus, obwohl die Möbel bereits gewinnbringend verkauft wurden. Geben Sie der Sommerfeld Bürosysteme GmbH eine Empfehlung, wie sie rechtlich vorgehen sollte.

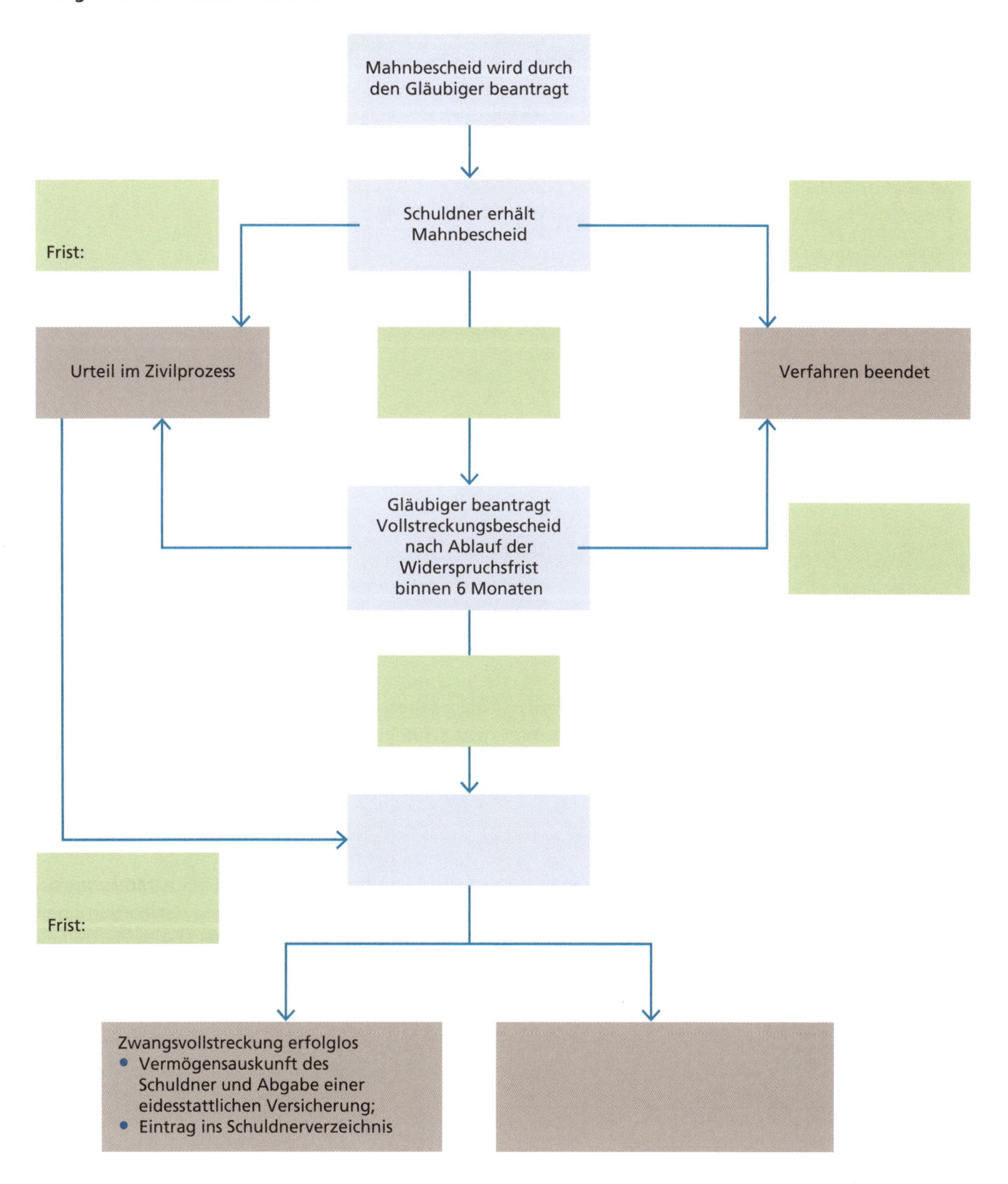

Ausgangssituation IV: Gerichtliches Mahnverfahren

Da die Bürofachhandel Ergoline GmbH auch nach der dritten Mahnung keine Zahlung leistet, entschließt sich Frau Nolden, das gerichtliche Mahnverfahren einzuleiten. Stellen Sie den Ablauf des Verfahrens dar, indem Sie die folgende Übersicht ergänzen.

Das gerichtliche Mahnverfahren

```
                    ┌──────────────────────────┐
                    │ Mahnbescheid wird durch  │
                    │ den Gläubiger beantragt  │
                    └────────────┬─────────────┘
                                 ▼
    ┌──────────┐       ┌──────────────────────┐       ┌──────────┐
    │ Frist:   │───────│   Schuldner erhält   │───────│          │
    │          │       │     Mahnbescheid     │       │          │
    └──────────┘       └──────────┬───────────┘       └──────────┘
         │                        │                         │
         ▼                        ▼                         ▼
  ┌────────────────┐      ┌──────────────┐          ┌────────────────┐
  │    Urteil im   │      │              │          │   Verfahren    │
  │   Zivilprozess │      │              │          │    beendet     │
  └────────┬───────┘      └──────────────┘          └────────────────┘
           │                      ▲                         ▲
           │                      │                         │
           │              ┌───────┴──────────────┐          │
           │              │ Gläubiger beantragt  │          │
           │              │ Vollstreckungsbescheid├─────────┘
           │              │   nach Ablauf der    │
           │              │   Widerspruchsfrist  │
           │              │   binnen 6 Monaten   │
           │              └──────────┬───────────┘
           │                         │
           │                         ▼
           │                 ┌──────────────┐
           │                 │              │
           │                 └──────┬───────┘
           │                        │
           │                        ▼
           │              ┌──────────────────┐
           └─────────────▶│                  │
                          └─────────┬────────┘
  ┌──────────┐                      │
  │ Frist:   │            ┌─────────┴─────────┐
  └──────────┘            ▼                   ▼
              ┌────────────────────────┐  ┌──────────────┐
              │ Zwangsvollstreckung    │  │              │
              │ erfolglos              │  │              │
              │ • Vermögensauskunft des│  │              │
              │   Schuldner und Abgabe │  │              │
              │   einer eidesstattlichen│  │              │
              │   Versicherung;        │  │              │
              │ • Eintrag ins          │  │              │
              │   Schuldnerverzeichnis │  │              │
              └────────────────────────┘  └──────────────┘
```

Lernsituation 11

Ausgangssituation V: „Verjährt ist verjährt!"

Daniela Schaub ist damit beschäftigt, den Schreibtisch von Karl Recke aufzuräumen, der am 10.12.2017 in Rente gegangen ist. Aufgrund einer Alkoholkrankheit hat Karl Recke in den letzten Jahren seine Arbeit nur noch sehr nachlässig erledigt. Nach und nach befördert Daniela Schaub Papiere und Unterlagen zu Tage, die schon für längere Zeit in den Tiefen der Ablage und des Schreibtisches verschwunden waren. „Zum Glück hat Herr Recke wenigstens die Rechnungen mit Notizen versehen", denkt sie. Sogleich macht sie sich an eine Aufstellung der wesentlichen Unterlagen.

Unterlage	Schuldner	Fälligkeit der Forderung	Notiz
1. Rechnung von 10 200,00 € aufgrund einer Warenlieferung	Bürofachhandel Karl Schneider	31.01.2015 (vereinbarter Zahlungstermin)	Kunde bereits zweimal gemahnt. Zahlt einfach nicht.
2. Kaufvertrag über Grundstück Hauptstr. 7 in Essen, Kaufpreis 120 000,00 €	Stadt Essen	23.07.2008 (vereinbarter Zahlungstermin)	----
3. Urteil des Landgerichtes Essen; Kunde zur Zahlung von 12 000,00 € verurteilt	Bürofachhandel Ergoline GmbH	28.02.2006 (Rechtskraft des Urteils)	------
4. Rechnung von 8 349,00 € aufgrund einer Warenlieferung	Bürobedarfsgroßhandel Thomas Peters e. K.	07.10.2013	Abschlagszahlung in Höhe von 2 000,00 € erhalten, 04.02.2015
5. Rechnung von 5 347,00 € aufgrund einer Warenlieferung	Raumkultur Peter Nicolai e. K.	26.09.2014	Gerichtliches Mahnverfahren Anfang 2015 durchgeführt. Dauer des Verfahrens: 3 Monate

Als Daniela Schaub dem Vertriebsleiter Herrn Kraus die Rechnungen vorlegt, schüttelt dieser mit dem Kopf. „Schade, Herr Recke war mal ein wirklich zuverlässiger Mitarbeiter. Die Forderungen sind ja schon eine Ewigkeit fällig", meint er. Daniela Schaub entgegnet: „Hier geht es um wirklich viel Geld für die Sommerfeld Bürosysteme GmbH. Da kann mal wohl nichts mehr machen Herr Kraus, oder?"

Arbeitsaufträge

1 Erarbeiten Sie mithilfe des Zeitungsinterviews (siehe Seite 81 f.) die unterschiedlichen Verjährungsfristen sowie mögliche Gründe für deren Verlängerung. Überprüfen Sie die Verjährung der Forderungen in den Fällen 1 bis 5, indem Sie den Verlauf der Verjährungsfrist mit Hilfe eines Zeitstrahls darstellen. Tragen Sie die Fälligkeit des Anspruchs, den Beginn, das Ende sowie mögliche Verlängerungen der Verjährungsfrist ein. Begründen Sie den Verlauf.

Zeitstrahl Fall 1:

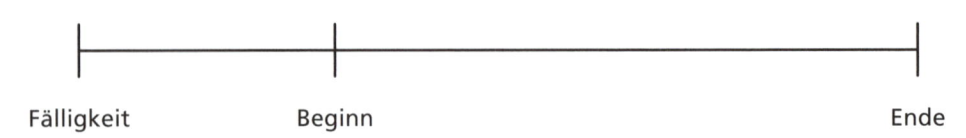

|———————|———————————————————|

Fälligkeit   Beginn   Ende

Zeitstrahl Fall 2:

Zeitstrahl Fall 3:

Zeitstrahl Fall 4:

Zeitstrahl Fall 5:

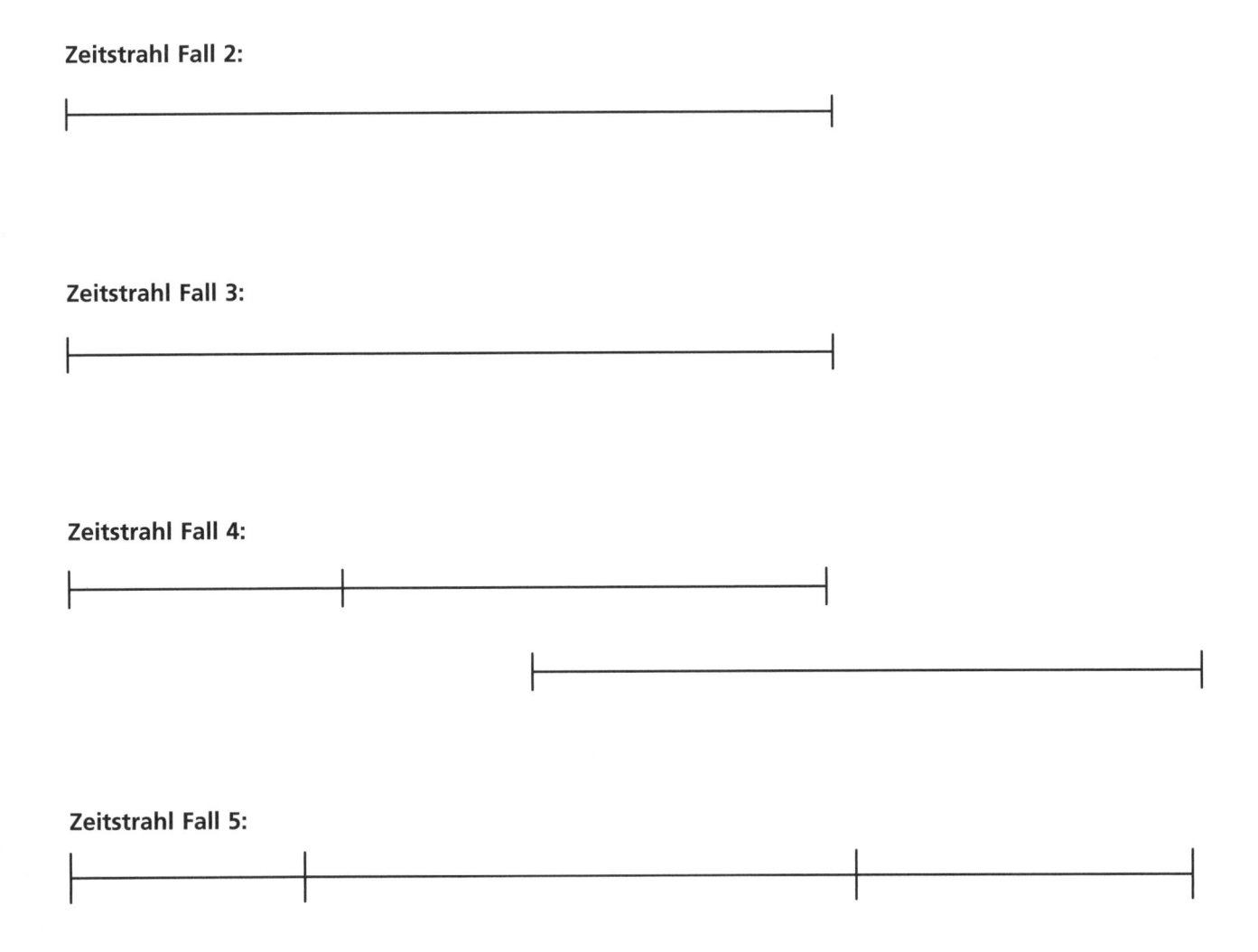

2 Ergänzen Sie die Übersicht zur Verjährung (siehe Seite 85)

Zeitungsinterview des Essener Stadtanzeigers in der Rubrik „Wirtschaft und Recht" mit dem Verbraucherschützer Klaus Ewers vom 14.03.2017

Essener Stadtanzeiger: Herr Ewers, herzlichen Dank, dass Sie sich wieder Zeit nehmen, einige Fragen unserer Leser zu beantworten. Es haben uns in letzter Zeit vermehrt Leser berichtet, dass sie zur Zahlung von Rechnungen aufgefordert wurden, die 5 Jahre oder noch länger zurückliegen. Viele Leser sind überfordert, weil sie sich mit der Gesetzeslage nicht auskennen. Können Sie unseren Lesern einen Rat geben, wie man in einem solchen Falle reagieren sollte?

Klaus Ewers: Gerne! Zunächst sollte man prüfen, ob der Anspruch überhaupt zu Recht besteht. Wer mahnt, sollte auch beweisen können, dass bspw. eine Warenlieferung stattgefunden hat. Manch ein schwarzes Schaf schickt Rechnungen, obwohl überhaupt gar kein Anspruch besteht. Wenn der Anspruch zu Recht besteht, gilt es im nächsten Schritt prüfen, ob die Forderung verjährt ist.

Essener Stadtanzeiger: Können Sie uns das näher erläutern?

Klaus Ewers: Nun, der Gesetzgeber sieht Verjährungsfristen vor, damit die Vergangenheit irgendwann ruht. Sie dienen dem Rechtsfrieden. Wer einen Anspruch hat, soll ihn innerhalb gewisser Fristen geltend machen, damit die Beweisproblematik nicht zu groß wird. Dem Schuldner wird mit der Verjährung ein Leistungsverweigerungsrecht eingeräumt. Die Juristen nennen das „Einrede der Verjährung". Man kann die Zahlung nach Ablauf der Verjährungsfrist verweigern. Wer allerdings eine berechtige Forderung nach Ablauf der Verjährungsfrist trotzdem begleicht, kann sein Geld nicht zurückfordern.

Essener Stadtanzeiger: Gibt es eine einheitliche Verjährungsfrist für alle Ansprüche?
Klaus Ewers: Nein, der Gesetzgeber kennt viele unterschiedliche Verjährungsfristen. Bei der Verjährung von Forderungen sind vor allem die 30-jährige, die 10-jährige und die 3-jährige Verjährungsfrist interessant.
Essener Stadtanzeiger: Können Sie das präzisieren, Herr Ewers?
Klaus Ewers: Die 3-jährige Verjährungsfirst ist die regelmäßige gesetzliche Verjährungsfrist. Sie gilt, wenn der Gesetzgeber nichts Abweichendes bestimmt hat und findet z. B. für Forderungen von Privat- und Kaufleuten, Zinsen und Darlehensforderungen sowie Lohn- und Gehaltsforderungen Anwendung. Zu beachten ist allerdings, dass die 3-jährige Frist erst mit dem Schluss des Jahres beginnt, indem der Anspruch entstanden ist und der Gläubiger Kenntnis von der Person des Schuldners sowie von den Anspruch begründenden Umständen hat. Prinzipiell beginnt also die Verjährungsfrist für sämtliche Forderungen dieses Jahres am 31.12.2017 und die Verjährungsfrist endet mit Ablauf des 31.12.2020.
Essener Stadtanzeiger: Für welche Forderungen gelten andere Verjährungsfristen?
Klaus Ewers: Ansprüche auf Übertragung des Eigentums an einem Grundstück sowie die entsprechende Gegenleistung, also häufig der Zahlung des Kaufpreises, verjähren innerhalb von 10 Jahren. Die Verjährungsfrist beginnt hier allerdings schon mit der Entstehung des Anspruches und nicht erst am Jahresende. Die 30-jährige Verjährungsfrist gilt für Herausgabeansprüche von Eigentum, Ansprüche aus rechtskräftigen Urteilen, Ansprüche aus Insolvenzforderungen sowie aus Vollstreckungsbescheiden. Hier beginnt die Frist ebenfalls nicht am Jahresende, sondern mit dem Datum der Entstehung des Anspruchs, der Rechtskraft der gerichtlichen Entscheidung, der Errichtung des Vollstreckungsbescheides bzw. der Feststellung im Insolvenzverfahren.
Essener Stadtanzeiger: Lässt man also die letztgenannten Sonderfälle mal außen vor, kann man also sagen, dass man nach drei bzw. längstens fast vier Jahren aus dem Schneider ist und Rechnungen nicht mehr begleichen muss?
Klaus Ewers: Nicht ganz. Es gibt Fälle, in denen es zu einer Verlängerung der Verjährungsfristen kommt bzw. die Verjährung gar neu in Gang gesetzt wird.
Essener Stadtanzeiger: Können Sie uns das näher erläutern?

Klaus Ewers: Selbstverständlich. Das Gesetz sieht die Hemmung der Verjährung vor. In diesem Fall wird der Zeitraum der Hemmung an die normale Verjährungsfrist angehängt, sodass sie sich die Verjährungsfrist verlängert.
Essener Stadtanzeiger: Und aus welchen Gründen kommt es zu einer Hemmung?
Klaus Ewers: Ein Grund ist, dass der Schuldner das Recht hat, die Leistung zu verweigern. Dies ist z. B. der Fall, wenn der Gläubiger die Forderung durch einen Zahlungsaufschub gestundet hat. Die Verjährungsfrist verlängert sich um den Zeitraum der Stundung. Auch wenn Verhandlungen zwischen Gläubiger und Schuldner über den Anspruch stattfinden, hemmt der Verhandlungszeitraum die Verjährung. Allerdings tritt die Verjährung frühestens drei Monate nach dem Ende der Hemmung, also nach dem Abbruch der Verhandlungen, ein. Man spricht von einer Ablaufhemmung. Ein weiterer Grund, der eine Hemmung bewirkt, ist höhere Gewalt, wenn der Gläubiger also durch Naturkatastrophen, Krieg usw. in den letzten sechs Monaten der Verjährungsfrist an der Rechtsverfolgung gehindert ist.
Essener Stadtanzeiger: Welche Wirkung hat eigentlich eine Klage oder ein gerichtlicher Mahnbescheid?
Klaus Ewers: Auch das sind Hemmungsgründe. Die Rechtsverfolgung seitens des Gläubigers, z. B. durch gerichtlichen Mahnbescheid, Klage beim Gericht, Anmeldung der Forderung zum Insolvenzverfahren oder Antrag auf Erlass eines Vollstreckungsbescheides, verlängert den Zeitraum der Verjährung. Die Hemmung endet sogar erst sechs Monate nach rechtskräftiger Entscheidung oder anderweitiger Beendigung des Verfahrens. Das außergerichtliche, kaufmännische Mahnverfahren hat übrigens keine hemmende Wirkung.
Essener Stadtanzeiger: Sie hatten erwähnt, dass aus bestimmten Gründen die Verjährungsfrist neu in Gang gesetzt wird. Können Sie dies näher erläutern?
Klaus Ewers: Natürlich, in solchen Fällen spricht man von einem Neubeginn oder auch einer Unterbrechung der Verjährung. Die Verjährungsfrist beginnt ab dem Zeitpunkt, zu dem es zu einer Unterbrechung kommt, von Neuem zu laufen.
Essener Stadtanzeiger: Für welche Fälle hat der Gesetzgeber einen Neubeginn vorgesehen?
Klaus Ewers: Der Schuldner sorgt für einen Neubeginn, wenn er eine Zinszahlung oder Teilzahlung vornimmt, Sicherheiten leistet oder den Anspruch in anderer Weise anerkennt, bspw. durch ein Schuldanerkenntnis oder die Bitte um Stundung.

Essener Stadtanzeiger: Häufig ist es so, dass der Schuldner sich der Zahlung entzieht, er eben keine Zahlungen leistet und auch den Anspruch nicht anerkennt, da er ganz einfach schweigt. Wie kann der Gläubiger einen Neubeginn der Verjährung erreichen?

Klaus Ewers: Der Gläubiger kann einen Neubeginn der Verjährung erreichen, indem er eine gerichtliche oder behördliche Vollstreckungshandlung beantragt bzw. diese vorgenommen wird.

Essener Stadtanzeiger: Herr Ewers, lassen Sie uns die Ergebnisse ihrer Ausführungen noch einmal für unsere Leser zusammenfassen. Wenn wir es richtig verstanden haben, sollte man gelassen reagieren, wenn versucht wird, eine über mehr als 5 Jahre zurückliegende Forderung einzutreiben. Im Regelfall wird die Forderung verjährt sein und man ist nicht mehr verpflichtet zu zahlen.

Klaus Ewers: Richtig, allerdings sollte man genau prüfen, welche Verjährungsfrist für die Forderung gilt und ob es nicht zur Hemmung und/oder zum Neubeginn der Verjährung gekommen ist.

Essener Stadtanzeiger: Vielen Dank für das Gespräch, Herr Ewers.

Klaus Ewers: Bitte, gern geschehen.

(Fiktives Interview)

Ergänzende Übungen

1 Begründen Sie, wann die Forderungen in den folgenden Fällen jeweils verjähren.
   a) Die Sommerfeld Bürosysteme GmbH hat aufgrund einer Warenlieferung gegenüber der Deutschen Bank AG eine Forderung über 35 000,00 €. Der Betrag ist am 02.04.2017 fällig.
   b) Für eine Betriebserweiterung hat die Sommerfeld Bürosysteme GmbH von der Essener Immo AG ein Grundstück erworben. Der Kaufpreis ist am 10.06.2017 fällig.
   c) Irrtümlich sind die Überstunden des Produktionsmitarbeiters Hartmut Müller bei der Lohn- und Gehaltsabrechnung der Sommerfeld Bürosysteme GmbH nicht berücksichtigt worden. Der Lohn für die Überstunden war am 31.03.2017 fällig.
   d) Hartmut Sommer hat seinem Freund Ferdinand Fiesel seine wertvolle E-Gitarre geliehen. Die Rückgabe der Gitarre war für den 28.02.2017 vereinbart worden.
   e) Lambert Feld hat seinem Freund Marti Hakkinen ein Darlehen zur Finanzierung eines Eigenheims gegeben. Die erste Zinszahlung war am 07.04.2017 fällig.

2 Die Bürofachhandel Ergoline GmbH schuldet der Sommerfeld Bürosysteme GmbH einen Betrag von 3 500,00 € aufgrund einer Warenlieferung. Der Betrag war am 10.02.2016 fällig. Aufgrund von Zahlungsschwierigkeiten leistet die Bürofachhandel Ergoline GmbH am 10.05.2017 eine Abschlagszahlung. Legen Sie dar, wann die Forderung gegenüber der Bürofachhandel Ergoline GmbH verjährt.

3 Bei der Durchsicht der offenen Posten Mitte Dezember entdeckt der Leiter der Buchhaltung Georg Lunau, dass eine Forderung gegenüber der Flughafen Köln/Bonn GmbH am 31.12. d. J. verjähren würde. In einem Telefongespräch mit der Flughafen Köln/Bonn GmbH stellt sich heraus, dass wenig Bereitschaft besteht, die ausstehende Forderung zu begleichen. Daraufhin überlegt Herr Lunau, ob er einen gerichtlichen Mahnbescheid beantragen oder es bei einem Mahnschreiben belassen soll. Beraten Sie Herrn Lunau.

4 Entscheiden Sie, ob die folgenden Sachverhalte
   1. zu einer Hemmung führen,
   2. zu einem Neubeginn führen,
   3. keinen Einfluss auf die Verjähren haben.

Sachverhalte

a) Verhandlungen über den Anspruch		b) Stundungsgewährung	
c) Kaufmännisches Mahnschreiben		d) Abschlagszahlung	
e) Klageerhebung		f) Bitte um Stundung	
g) Beantragung einer behördlichen Vollstreckungshandlung		h) Zustellung des gerichtlichen Mahnbescheides	

5 Die Sommerfeld Bürosysteme GmbH hat Anfang September 2013 eine Lieferung Gummirollen von der Latex AG erhalten. Die Zahlung war am 13.09.2013 fällig. Allerdings ist die Zahlung bei der Sommerfeld Bürosysteme GmbH in Vergessenheit geraten, da die Rechnung versehentlich falsch abgelegt wurde. Am 03.01.2017 erhält die Sommerfeld Bürosysteme GmbH schließlich eine Mahnung von der Latex AG. Sogleich überweist der Leiter der Buchhaltung Jens Effer den ausstehenden Betrag. Als Herr Effer zwei Tage später bei der Latex AG anruft, verlangt er die Rückgängigmachung der Zahlung mit der Begründung, die Forderung sei bereits verjährt. Prüfen Sie die Rechtslage.

6 Lambert Feld hat einen Fernseher im Wert von 800,00 € von einem Elektrofachgeschäft geliefert bekommen. Da das Fachgeschäft nachlässig arbeitet, wird keine Rechnung gestellt. Auch nach einem Jahr ist nichts passiert. Lambert Feld vermutet, dass das Fachgeschäft auch in Zukunft keine Rechnung mehr stellen wird. Nehmen Sie Stellung, wie sie an seiner Stelle reagieren würden.

Vertiefende Übungen

1 Die Raumkultur Peter Nicolai e. K. ist schon seit Jahren in Zahlungsschwierigkeiten. So weist die Buchhaltung der Sommerfeld Bürosysteme GmbH noch einen höheren offenen Betrag aufgrund einer Warenlieferung aus. Die Forderung war am 27.10.2014 fällig. Da Peter Nicolai auf mehrere Mahnungen nicht reagiert hat, wird ihm am 13.01.2016 ein gerichtlicher Mahnbescheid zugestellt. Das Mahnverfahren dauert 2 Monate. Erläutern Sie, wann die Forderung gegenüber der Raumkultur Peter Nicolai e. K. verjährt.

2 Aufgrund eines durch Blitzeinschlag verursachten Brandes im zweiten Halbjahr des Jahres 2017 ist die Buchhaltung der Sommerfeld Bürosysteme GmbH für 4 Monate ausgefallen. Ein Debitorenmanagement war in dieser Zeit nicht möglich, da wesentliche Daten mühsam wieder hergestellt werden mussten. Erläutern Sie, welche Auswirkung dieser Sachverhalt auf Forderungen hat, die am 31.12.2017 verjähren würden.

3 Gegenüber der Bürofachhandel Karl Schneider GmbH hat die Sommerfeld Bürosysteme GmbH eine Forderung in Höhe von 10 100,00 € aufgrund einer Warenlieferung. Die Forderung ist am 24.07.2013 fällig. Karl Schneider bittet am 14.08.2015 um Stundung der Forderung für zwei Monate, was ihm von der Sommerfeld Bürosysteme GmbH gewährt wird. Als er 15.08.2017 erneut eine Mahnung von der Sommerfeld Bürosysteme GmbH erhält, lehnt Karl Schneider die Zahlung ab, da die Forderung bereits verjährt sei. Klären Sie die Rechtslage.

4 Eine Forderung der Sommerfeld Bürosysteme GmbH gegenüber der Deutschen Versicherung AG würde am 31.12.2017 verjähren. Da es noch Unklarheiten zu beseitigen galt, hat Hartmut Sommer für die Sommerfeld Bürosysteme GmbH über den Anspruch verhandelt. Am 16.11.2017 wurden die Verhandlungen nach einem Monat in beiderseitigem Einvernehmen beendet. Herr Baum von der Deutschen Versicherung AG meint: „Herr Sommer, viel Zeit haben Sie nicht gewonnen. Ihre Forderung verjährt eben einen Monat später, also mit Ablauf des 31.01.2018." Überprüfen Sie die Behauptung.

Verjährungsfristen (§194 ff. BGB) ⇒ _____recht (_____ der Verjährung)		
30 Jahre (§ 197 BGB)	**10 Jahre (§ 196 BGB)**	**3 Jahre (§ 195 BGB)** regelmäßige Verjährung
Beispiele:	Beispiele:	Beispiele: beachte: Sonderregelungen im Gewährleistungsrecht
Fristbeginn (§ 200 f. BGB):		**Fristbeginn (§ 199 BGB):**
Neubeginn der Verjährung (§§ 212 ff. BGB) = Beispiele:		**Hemmung der Verjährung (§§ 202 ff. BGB)** = Beispiele:

Lernsituation 12: Kalkulieren und Absatzprozesse dokumentieren

Ausgangssituation: Rücksendungen und Erlösberichtigungen buchen

In der Finanzbuchhaltung stapeln sich mal wieder die Belege. Die Kollegin Yvonne Peters ist erkrankt und so ist zuletzt einiges liegen geblieben. Rudolf Heller muss daher für ein paar Tage aushelfen. „Zuerst buchen Sie bitte die Belege zum Vorgang Ergonomische Büromöbel Müller GmbH", bittet ihn Frau Nolden, „ich will das endlich vom Tisch haben." „Mein lieber Mann, da scheint ja einiges schiefgelaufen zu sein", denkt sich Rudolf, als er sich die Belege anschaut.

Arbeitsaufträge

1 Erläutern Sie, welcher Geschäftsfall dem jeweiligen Beleg zugrunde liegt.

2 Buchen Sie den jeweiligen Beleg im Grundbuch.

3 Überprüfen Sie, ob die Ergonomische Büromöbel Müller GmbH den korrekten Betrag überwiesen hat (vgl. Beleg 4).

4 Führen Sie die Konten 5000 Umsatzerlöse und 5001 Erlösberichtigungen im Hauptbuch und schließen Sie beide Konten ab.

SOLL	5000 Umsatzerlöse		HABEN

SOLL	5001 Erlösberichtigungen		HABEN

Konto (SOLL)	Konto (HABEN)	Betrag (SOLL)	Betrag (HABEN)

Beleg 1

Sommerfeld Bürosysteme GmbH
Ein ökologisch orientiertes Unternehmen mit Zukunft

Sommerfeld Bürosysteme GmbH, Gladbecker Str. 85–91, 45141 Essen

Ergonomische Büromöbel Müller GmbH
Brodstr. 24
81829 München

Anschrift: Gladbecker Str. 85–91
45141 Essen
Telefon: 0201 163456-0
Telefax: 0201 1634589
E-Mail: info@sommerfeld.de
Web: www.sommerfeld.de

KOPIE

RECHNUNG

Auftragsdatum: 07.09.20(0)
Lieferdatum: 14.09.20(0)

Kunden-Nr.	Rechnungsnr.	Rechnungstag
24004	18772	15.09.20(0)
Bei Zahlung bitte angeben		

Pos.	Artikel-Nr.	Artikelbezeichnung	Menge	Einzelpreis €	Gesamtpreis €
1	277/7	Modus Freischwinger	10	375,00	3 750,00
2	281/7	Modus Besucherstuhl	10	942,50	9 425,00
3	283/7	Modus Drehsessel	5	989,50	4 977,50

Warenwert €	Verpackung €	Fracht €	Entgelt netto €	USt-%	USt-€	Gesamtbetrag €
18 152,50	-	-	18 152,50	19	3 448,98	**21 601,48**

Die Ware bleibt bis zur vollständigen Bezahlung unser Eigentum.
Zahlbar innerhalb von zehn Tagen unter Abzug von 2 % Skonto oder innerhalb von 30 Tagen netto Kasse.

Bankverbindungen:
Deutsche Bank Essen **IBAN** DE96360700500025203488   **BIC** DEUTDEDEXXX

Postbank Dortmund   **IBAN** DE81440100460286778341   **BIC** PNBKDEFF440

Steuer-Nr.: 110/1250/0189   USt-IdNr.:   DE129666846
Geschäftsführer: Claudia Farthmann, Lambert Feld, Hartmut Sommer

Konto (SOLL)	Konto (HABEN)	Betrag (SOLL)	Betrag (HABEN)

Beleg 2

Sommerfeld
Bürosysteme GmbH
Ein ökologisch orientiertes Unternehmen mit Zukunft

Sommerfeld Bürosysteme GmbH, Gladbecker Str. 85–91, 45141 Essen

Ergonomische Büromöbel Müller GmbH
Brodstr. 24
81829 München

Anschrift: Gladbecker Str. 85–91
45141 Essen
Telefon: 0201 163456-0
Telefax: 0201 1634589
E-Mail: info@sommerfeld.de
Web: www.sommerfeld.de

Name: Peter Kraus
Telefon: 0201 163456-619
Telefax: 0201 1634589
E-Mail: Peter.Kraus@sommerfeld.de
Datum: 18.09.20(0)

Korrekturbeleg (1)
Ihre Mängelrüge vom 16.09.20(0)

Sehr geehrte Damen und Herren,

mit großem Bedauern nehmen wir zur Kenntnis, dass unsere Lieferung vom 14.09.20(0) fehlerhaft war und die zehn gelieferten Modus Besucherstühle (Art. Nr. 281/7) deutliche Lackschäden aufweisen. Selbstverständlich werden wir Ihrem Wunsch entsprechen und die Stühle auf unsere Kosten wieder abholen. Da aktuell keine Besucherstühle des Typs Modus lieferbar sind, erteilen wir Ihnen eine Gutschrift in Höhe des Warenwertes von 9 425,00 €.

Mit freundlichen Grüßen

Sommerfeld Bürosysteme GmbH

Peter Kraus

Peter Kraus

Geschäftsführer: Dipl.-Ing. Claudia Farthmann
Dipl.-Kfm. Hartmut Sommer
Betriebswirt Lambert Feld

Steuer-Nr.: 110/1250/0189
USt-IdNr.: DE129666846
Amtsgericht Essen HRB 564-0541

Deutsche Bank Essen
IBAN DE96360700500025203488 BIC DEUTDEDEXXX

Postbank Dortmund
IBAN DE81440100460286778341 BIC PNBKDEFF440

Konto (SOLL)	Konto (HABEN)	Betrag (SOLL)	Betrag (HABEN)

Nebenrechnung

Ursprünglicher Rechnungsbetrag
(brutto)   (netto)   (enthaltene USt)

Rücksendung
(brutto)   (netto)   (enthaltene USt)

Aktueller Rechnungsbetrag			
(brutto)	(netto)		(enthaltene USt)

Beleg 3

Sommerfeld Bürosysteme GmbH, Gladbecker Str. 85–91, 45141 Essen

Sommerfeld
Bürosysteme GmbH
Ein ökologisch orientiertes Unternehmen mit Zukunft

Ergonomische Büromöbel Müller GmbH
Brodstr. 24
81829 München

Anschrift: Gladbecker Str. 85–91
45141 Essen
Telefon: 0201 163456-0
Telefax: 0201 1634589
E-Mail: info@sommerfeld.de
Web: www.sommerfeld.de

Ihre Nachricht vom: 16.09.20(0)
Unsere Nachricht vom: 15.09.20(0)

Name: Peter Kraus
Telefon: 0201 163456-619
Telefax: 0201 1634589
E-Mail: Peter.Kraus@sommerfeld.de
Datum: 18.09.20(0)

Korrekturbeleg (2)
Ihre Mängelrüge vom 16.09.20(0)

Sehr geehrte Damen und Herren,

wir entschuldigen uns für die Unannehmlichkeiten, die wir Ihnen bereitet haben und erteilen Ihnen gerne einen nachträglichen Sonderrabatt in Höhe von 10 % auf

- Pos. 1 (10 Modus Freischwinger, Nettopreis 3 750,00 €) und
- Pos. 3 (5 Modus Drehsessel, Nettopreis 4 977,50 €)

der Rechnungsnr. 18772 vom 15.09.20(0).

Mit freundlichen Grüßen

Sommerfeld Bürosysteme GmbH

Peter Kraus

Peter Kraus

Geschäftsführer: Dipl.-Ing. Claudia Farthmann
Dipl.-Kfm. Hartmut Sommer
Betriebswirt Lambert Feld

Steuer-Nr.: 110/1250/0189
USt-IdNr.: DE129666846
Amtsgericht Essen HRB 564-0541

Deutsche Bank Essen
IBAN DE96360700500025203488 BIC DEUTDEDEXXX

Postbank Dortmund
IBAN DE81440100460286778341 BIC PNBKDEFF440

Konto (SOLL)	Konto (HABEN)	Betrag (SOLL)	Betrag (HABEN)

Nebenrechnung

Rechnungsbetrag nach Berücksichtigung der Rücksendung (Beleg 2)
(brutto)   (netto)   (enthaltene USt)

Nachträglicher Rabatt (Preisnachlass)
(brutto)   (netto)   (enthaltene USt)

Aktueller Rechnungsbetrag
(brutto)   (netto)   (enthaltene USt)

Beleg 4

Kontoauszug	IBAN		Auszug	Blatt
DEUTSCHE BANK ESSEN	DE96 2607 0050 0025 2034 88		47	178

Buch.-Tag	Wert	PN	Erläuterung/Verwendungszweck		Umsätze	
23.09.	23.09.		Rechnung Nr. 18772 vom 15.09.20(0), Kunden Nr. 24004 (Korrekturbeleg, Skontoabzug)		9 160,22 +	
			Dispositionslinie	€	200 000,00	
44	22.09.20(0)		23.09.20(0)	39 420,85 +		48 581,07 +
BS	Letzter Auszug		Auszugsdatum	€ Alter Kontostand	€	Neuer Kontostand

SOMMERFELD BÜROSYSTEME GMBH, GLADBECKER STRASSE 85-91, 45141 ESSEN
IBAN: DE96 2607 0050 0025 2034 88   BIC: DEUTDEDEXXX

Konto (SOLL)	Konto (HABEN)	Betrag (SOLL)	Betrag (HABEN)

Nebenrechnung

Rechnungsbetrag nach Berücksichtigung des Preisnachlasses (Beleg 3)
(brutto)   (netto)   (enthaltene USt)

Barzahlungsrabatt (Skontobetrag)
(brutto)   (netto)   (enthaltene USt)

Überweisungsbetrag
(brutto)   (netto)   (enthaltene USt)

Beleg 5

Spedition Braun
Internationaler Güterversand
Ackerstr. 10, 59073 Hamm

Spedition Braun, Ackerstr. 10, 59073 Hamm

Telefon: 02381 2354 305
Telefax: 02381 2354 99
E-Mail: info@spedition-braun.de
Homepage: www.spedition-braun.de
USt-IdNr.: DE876993465

Sommerfeld Bürosysteme GmbH
Gladbecker Str. 85–91
45141 Essen

Rechnung Nr.: 1979   Datum: 19.09.20(0)

Wir stellen Ihnen folgende Transportleistungen in Rechnung:

Transport vom	ab	bis	Betrag (€)
14.09.20(0)	Sommerfeld Bürosysteme GmbH Gladbecker Str. 85–91 45141 Essen _Lieferschein-Nr.:_ L 3578/6490	Ergonomische Büromöbel Müller GmbH Brodstr. 24 81829 München	
		Summe + 19 % USt. **Rechnungsbetrag**	350,00 66,50 **416,50**

Zahlbar innerhalb von 8 Tagen netto.

Spedition Braun GmbH
Bochum, Hamm, Karlsruhe, Dresden, München
Internationaler Gütertransport und Logistik

Bankverbindung: Dresdner Bank
IBAN DE113606787003407006
BIC DBKNZDEFF

Konto (SOLL)	Konto (HABEN)	Betrag (SOLL)	Betrag (HABEN)

Lernsituation 13: Den Verbraucherschutz berücksichtigen

Ausgangssituation: Wer haftet für Folgeschäden?

„Was ist das denn für ein Mist?", flucht Herr Kraus, als er morgens die Eingangspost sichtet. „Schauen Sie sich das mal an, Daniela. Hier fordert jemand Schadensersatz von uns, weil das *Conrack Regalsystem*, welches er vor vier Wochen bei uns im Factory Outlet Store gekauft hat, zusammengekracht ist und seinen neuen Laptop irreparabel zerstört hat. Die Rechnung für den Laptop hat er auch gleich beigelegt: 799,00 € hat der gekostet! Können Sie das mal prüfen? Ich habe dafür wirklich keine Zeit und offen gestanden auch keine Lust mehr. Ist ja schließlich nicht das erste Mal, dass ein Kunde sich wegen des *Conrack Regalsystems* bei uns beschwert."

§

Auszüge aus dem Gesetz über die Haftung für fehlerhafte Produkte (Produkthaftungsgesetz)

§ 1 Haftung
(1) Wird durch den Fehler eines Produktes jemand getötet, sein Körper oder seine Gesundheit verletzt oder eine Sache beschädigt, so ist der Hersteller des Produkts verpflichtet, dem Geschädigten den daraus entstehenden Schaden zu ersetzen. Im Falle der Sachbeschädigung gilt dies nur, wenn eine andere Sache als das fehlerhafte Produkt beschädigt wird und diese andere Sache ihrer Art nach gewöhnlich für den privaten Ge- oder Verbrauch bestimmt und hierzu von dem Geschädigten hauptsächlich verwendet worden ist.
(2) Die Ersatzpflicht des Herstellers ist ausgeschlossen, wenn […]
2. […] das Produkt den Fehler, der den Schaden verursacht hat, noch nicht hatte, als der Hersteller es in den Verkehr brachte, […]
5. der Fehler nach dem Stand der Wissenschaft und Technik in dem Zeitpunkt, in dem der Hersteller das Produkt in den Verkehr brachte, nicht erkannt werden konnte. […]
(4) Für den Fehler und Schaden und den ursächlichen Zusammenhang zwischen Fehler und Schaden trägt der Geschädigte die Beweislast. […]

§ 3 Fehler
(1) Ein Produkt hat einen Fehler, wenn es nicht die Sicherheit bietet, die unter Berücksichtigung aller Umstände […] berechtigterweise erwartet werden kann.
[…]

§ 4 Hersteller
(1) Hersteller im Sinne dieses Gesetzes ist, wer das Endprodukt, einen Grundstoff oder ein Teilprodukt hergestellt hat. […]
(2) Als Hersteller gilt ferner, wer ein Produkt zum Zweck des Verkaufs, der Vermietung, des Mietkaufs oder einer anderen Form des Vertriebs mit wirtschaftlichem Zweck im Rahmen seiner geschäftlichen Tätigkeit in den Geltungsbereich des Abkommens über den Europäischen Wirtschaftsraum einführt oder verbringt.
(3) Kann der Hersteller des Produkts nicht festgestellt werden, so gilt jeder Lieferant als dessen Hersteller […]

§ 5 Mehrere Ersatzpflichtige
Sind für denselben Schaden mehrere Hersteller nebeneinander zum Schadensersatz verpflichtet, so haften sie als Gesamtschuldner. […]

> **Hinweis:** § 421 BGB: Schulden mehrere eine Leistung in der Weise, dass jeder die ganze Leistung zu bewirken verpflichtet, der Gläubiger aber die Leistung nur einmal zu fordern berechtigt ist (Gesamtschuldner), so kann der Gläubiger die Leistung nach seinem Belieben von jedem der Schuldner ganz oder zu einem Teil fordern. Bis zur Bewirkung der ganzen Leistung bleiben sämtliche Schuldner verpflichtet.

§ 8 Umfang der Ersatzpflicht bei Körperverletzung
Im Falle der Verletzung des Körpers oder der Gesundheit ist Ersatz der Kosten der Heilung sowie des Vermögensnachteils zu leisten, den der Verletzte dadurch erleidet, dass infolge der Verletzung zeitweise oder dauernd seine Erwerbsfähigkeit aufgehoben oder gemindert ist [...].

§ 10 Haftungshöchstbetrag
(1) Sind Personenschäden durch ein Produkt oder gleiche Produkte mit demselben Fehler verursacht worden, so haftet der Ersatzpflichtige nur bis zu einem Höchstbetrag von 85 Millionen €.
[...]

§ 11 Selbstbeteiligung bei Sachbeschädigung
Im Falle der Sachbeschädigung hat der Geschädigte einen Schaden bis zu einer Höhe von 500,00 € selbst zu tragen.

§ 12 Verjährung
(1) Der Anspruch nach § 1 verjährt in drei Jahren von dem Zeitpunkt an, in dem der Ersatzberechtigte von dem Schaden, dem Fehler und von der Person des Ersatzpflichtigen Kenntnis erlangt hat oder hätte erlangen müssen.
[...]

§ 13 Erlöschen von Ansprüchen
Der Anspruch nach § 1 erlischt innerhalb von zehn Jahren. [...]

Arbeitsaufträge

1 Prüfen Sie mithilfe des abgedruckten Gesetzestextes, unter welchen Voraussetzungen die Sommerfeld Bürosysteme GmbH für den entstandenen Schaden aufkommen muss.

2 Erläutern Sie, ob es noch andere Ersatzpflichtige als die Sommerfeld Bürosysteme GmbH geben könnte.

3 Erläutern Sie die Haftungsbestimmungen bei Personenschäden.

Lernsituation 14: Den Umweltschutz im Ein- und Verkauf berücksichtigen

Ausgangssituation: Nachhaltigkeit - mehr als nur ein Wort?!

Daniela Schaub und Rudolf Heller sollen für einen Tag der Umweltbeauftragten der Sommerfeld Bürosysteme GmbH, Petra Lauer, bei ihrer Arbeit über die Schulter schauen. Über ihrem Schreibtisch hängt folgender Auszug aus der Unternehmensphilosophie der Sommerfeld Bürosysteme GmbH:

> In diesem Jahrtausend werden nur Unternehmen überleben, die zwei Dinge haben: ökologische Produkte und die Zustimmung der Menschen.

Petra Lauer erläutert: „Natürlich wollen wir als Sommerfeld Bürosysteme GmbH unserer Verantwortung gegenüber der Umwelt gerecht werden, indem wir versuchen, sowohl unsere Herstellverfahren als auch unsere Produkte umweltverträglicher zu gestalten, aber wenn ich ehrlich bin, kann ich mich mit meinen Vorschlägen für einen effektiveren Umweltschutz in letzter Zeit immer seltener durchsetzen. Auch die Tatsache, dass Sie beide nur einen Tag in meinem Bereich eingesetzt sind, spricht doch eigentlich Bände. Dabei habe ich erst kürzlich noch gelesen, wie wichtig Umweltschutz ist, um auf dem Markt erfolgreich zu sein. Schauen Sie sich mal diesen Artikel an."

Nachhaltigkeit wird zum Wettbewerbsfaktor

Umweltschutz und Nachhaltigkeit werden als Produktions- und Vermarktungskriterien immer wichtiger. Durch die sogenannte Neo-Ökologie entsteht ein neues, moralisches Konsumverhalten, das Marken und Produkte nach sozial-ökologischen Maßstäben bewertet. Betriebe können diesen Trend gezielt für sich nutzen.

Neo-Ökologie bezeichnet das nachhaltige Produzieren und Handeln. Der Begriff beinhaltet mehr als nur Naturschutz und Ressourcenschonung. Neo-Ökologie achtet vielmehr auf Nachhaltigkeit und Effizienz in allen Bereichen. Neo-Ökologie wird so zum Schlüsseltrend für den Konsum. Und somit Schlüsselfaktor für die Produkte und Dienstleistungen von Unternehmen.

Wie können Unternehmen ihre Strategie auf Grün setzen?

Trends begleiten uns meist nur eine Saison. Aber sie können auch Wegweiser für ein Umdenken der Konsumenten und daher auch der Unternehmen sein. Der Megatrend Neo-Ökologie ist ein solcher. Er wird unsere Märkte in den kommenden Jahren komplett verändern. Eine große Rolle spielen dabei das verstärkte Umweltbewusstsein und Verantwortungsbewusstsein der Konsumenten. Das wirkt sich letztendlich auf das Handeln jedes Unternehmens – ob groß oder klein – aus.

Was bedeutet Neo-Ökologie konkret für Unternehmen?

Der Wachstumsmarkt der Zukunft liegt im „grünen" Konsumverhalten der Verbraucher. Diese wollen mit gutem Gewissen einkaufen. Das bedeutet, Firmen, die auf „grüne" Produkte und Services setzen, haben einen Wettbewerbsvorteil. Aber Vorsicht: Nachhaltigkeit fängt nicht erst bei der Verpackung an. Wer nur auf der Produktverpackung vorgibt, grün zu produzieren und zu vertreiben, der muss sich der Gefahr bewusst sein, Kunden vor den Kopf zu stoßen. Konsumenten mögen sich kurzfristig von der grünen Optik – einer frischen Wiese, einem klaren Bergbach – täuschen lassen. Aber sie sind mündig genug, Produkten auf den Grund zu gehen und herauszufinden, wie viel Nachhaltigkeit hinter dem Produkt und dessen Unternehmen steckt. Wer seine Kunden für Werbe- und Marketingzwecke täuscht, der verliert diese Kunden, anstatt sie an sich zu binden.

Das bedeutet: Die gesamte Unternehmenskultur und Unternehmensstrategie müssen auf Aspekten der Nachhaltigkeit beruhen. Das beinhaltet auch nachhaltiges Produzieren und Vermarkten. [...]

Einfache Beispiele zeigen, wie nachhaltiges und bewusstes Wirtschaften Kosten spart und Ressourcen schont: Produktionsunternehmen können sparen, indem sie ihre Wertschöpfungsketten durchleuchten, Abläufe optimieren, Abfälle reduzieren und ihre verwendeten Rohstoffe auf Umweltverträglichkeit prüfen.

Ein Holzbauunternehmen mit angeschlossener Zimmerei legt beispielsweise besonderes Augenmerk auf

- kurze Transportwege bei Holz und Dachziegeln (Stärkung von Baustoffhändler aus der Region und der holzverarbeitenden Industrie, direkte Lieferung auf die Baustelle, um Wege zu kürzen),
- Nutzung von Ökostrom,
- komplette Umstellung des Unternehmens auf Energiesparlampen (mit gutem Beispiel vorangehen!),
- Verwendung von natürlichen Dämmstoffen,
- Verwendung von Naturharzfarben.

Ein Handwerksbetrieb könnte beispielsweise bei folgenden Services auf Nachhaltigkeit achten:

- beim Kauf neuer Fahrzeuge auf Ökobilanz achten: Spritverbrauch, Abgasnorm der Autos,
- feste Lieferanten – nicht das billigste Angebot zählt, sondern die Nähe zum Unternehmen,
- Auswahl der Lieferanten und Partnern basiert auch auf Kriterien der Nachhaltigkeit: Woher beziehen Lieferanten die Produkte (Wege, Produktion, Verbrauch von Ressourcen),
- Zusammenarbeit mit Energieberatern und mit Architekten, die in der Planungsphase eines Bauvorhabens den Energieverbrauch auf ein Minimum reduzieren, z.B. durch Regenwassernutzung, Fensteranordnung, sinnvolle Dämmung usw.

Es gibt unzählige Möglichkeiten, Gutes für die Umwelt, für die Gesellschaft und letztendlich für das Unternehmen zu tun.

Nachhaltigkeit als ethische Verpflichtung

Was ist also für die Unternehmen zu tun? Wer mit Nachhaltigkeit Zeichen setzen möchte, der muss alle drei Bereiche, den ökologischen, den ökonomische und den sozialen Aspekt, gleichwertig behandeln und danach handeln. Das ist die neue Business-Moral. Denn Glaubwürdigkeit bei den Kunden entsteht mit dem, was die Mitarbeiter erzählen, was die Kunden erleben und wie die Unternehmensleitung selbst mit diesem Thema umgeht und es kommuniziert.

Nachhaltigkeit ist für die Kundenbindung bestens geeignet. Sie löst positive Emotionen aus und ist keine Eintagsfliege. Es gibt viele Tätigkeitsfelder, in denen Nachhaltigkeit bei Weitem noch nicht ausgeschöpft ist. Wer also bestimmte Themen und Begriffe mit seiner Marke besetzt, sie in seinen Markenkern integriert und durch seine Markenführung und Kommunikation dauerhaft besetzt hält, verschafft sich damit ein „nachhaltiges" Alleinstellungsmerkmal. Und einen Wettbewerbsvorteil.

Quelle: Janeczka, Petra: Nachhaltigkeit wird zum Wettbewerbsfaktor, www.deutsche-handwerks-zeitung.de/nachhaltigkeit-wie-betriebe-das-thema-fuer-sich-nutzen-koennen/ 150/3096/194100/, Stand 11.10.2016

Arbeitsaufträge

1 Fassen die wesentlichen Inhalte des Artikels mit Ihren eigenen Worten zusammen.

2 Erläutern Sie, welche Maßnahmen die Sommerfeld Bürosysteme GmbH ergreifen kann, um den Aspekten „Nachhaltigkeit" und „Umweltschutz" mehr Gewicht einzuräumen.

3 Erläutern Sie, mit welchen Maßnahmen Ihr Ausbildungsbetrieb Umweltschutzaspekte bei seinen betrieblichen Entscheidungen berücksichtigt.

Lernsituation 15: In der Fremdsprache Englisch kommunizieren

Ausgangssituation: Writing a reminder

Peter Kraus, der in der Sommerfeld Bürodesign GmbH für den Vertrieb zuständig ist, bespricht mit Daniela Schaub Aspekte, die beim Umgang mit den Kunden aus dem europäischen Ausland zu beachten sind. „Vor allen Dingen die Kunden aus Großbritannien legen Wert darauf, dass man mit ihnen korrekt kommuniziert. Daher haben wir bei uns in der Abteilung auch einen Ordner angelegt, in dem wir den Schriftverkehr mit unseren ausländischen Kunden sammeln, sodass wir für alle Schriftstücke eine Vorlage besitzen." Daniela Schaub denkt nach: „Eben habe ich von Frau Bauer eine Notiz auf meinem Schreibtisch gefunden. Der ‚Sheringham Furniture Store' aus Manchester hat eine Rechnung noch nicht beglichen." „Ja, der ist häufig etwas spät dran, eine Zahlungserinnerung kann da sicherlich nicht schaden. Wichtig ist, dass Sie das Schreiben höflich, aber bestimmt formulieren. Schließlich ist es ja immer noch unser Kunde, den wir nicht verärgern wollen, selbst dann, wenn wir natürlich im Recht sind. Vielleicht können Sie sich an der Zahlungserinnerung an Mr Solskjaer orientieren, der begleicht seine Rechnungen tendenziell auch immer etwas später. Darüber hinaus finden Sie in dem Ordner auch eine Liste mit den gängigen ‚phrases'."

Lernsituation 15

12 April 20(0)

Attn. Mr Peter Solskjaer, Export Manager

Dear Mr Solskjaer

<u>Invoice no. 200765 for € 9,634.43 dated 1 March 20(0)</u>

We are sorry to note that the above-mentioned invoice is now 10 days overdue.

We wish to draw your attention to the fact that our sales agreement provides for payment within 30 days at the latest.

We would therefore welcome an explanation as to why payment is delayed but, whatever the case may be, we must insist that you remit the amount in question without delay.

Prompt payment is all that is needed to settle this matter. If payment has already been made, please disregard this letter.

Yours sincerely

Jana Bauer
Accounts Section

Enc

Reference to overdue invoice/ account and previous reminder(s)	Bezug auf überfällige Rechnungen und frühere Zahlungserinnerungen
We wish to draw your attention to the fact that payment of the above-mentioned invoice was expected on …	Wir möchten Sie darauf aufmerksam machen, dass die Bezahlung der oben genannten Rechnung am … erwartet wurde.
We are sorry to note that our invoice for … is now … days/weeks/months overdue, despite our letter dated …/ our telephone call on …	Wir bedauern festzustellen, dass unsere Rechnung über… jetzt … Tage/Wochen/ Monate überfällig ist, trotz unseres Schreibens vom …/unseres Telefonats am …
We wish to point out that our sales agreement provides for payment within 30 days at the latest.	Wir möchten darauf hinweisen, dass unsere Verkaufsvereinbarung eine Zahlung innerhalb von höchstens 30 Tagen vorsieht.
We refer to our two previous letters (see enclosures), dated … and … with regard to the above-mentioned invoice which is still overdue.	Wir beziehen uns auf unsere zwei vorhergehenden Briefe (siehe Anlagen) vom … und … bezüglich der oben genannten Rechnung, die noch immer offensteht.
Request for explanation and payment including deadline	**Bitte um Zahlung einschließlich Fristsetzung**
Therefore we would welcome an explanation as to why payment is delayed.	Daher würden wir eine Erklärung für den Zahlungsverzug begrüßen.
Whatever the case may be …	Wie dem auch sei, …
We must therefore insist that you remit the amount in question without delay.	Wir müssen daher darauf bestehen, dass Sie den Betrag unverzüglich überweisen.
We are setting you a final deadline of 10 days.	Wir setzen Ihnen eine letzte Zahlungsfrist von 10 Tagen.

Consequences of non-payment	Folgen der Nichtzahlung
Should you fail to pay this invoice, we will stop all further deliveries and take the necessary steps to recover the sum owing.	Sollten Sie es versäumen, diese Rechnung zu begleichen, werden wir alle weiteren Lieferungen einstellen und die notwendigen Schritte einleiten, um den fälligen Betrag zu erhalten.
Suitable ending	**Angemessene Verabschiedung**
Prompt payment is all that is needed to settle this matter.	Durch eine umgehende Überweisung Ihrerseits kann diese Angelegenheit schnell geregelt werden.
We look forward to receiving the sum in question in the next few days.	Wir würden uns freuen, die betreffende Summe in den nächsten Tagen zu erhalten.
If payment has already been made, please disregard this letter/fax/e-mail.	Sollte die Zahlung bereits erfolgt sein, betrachten Sie diesen Brief/diese E-Mail/dieses Fax bitte als gegenstandslos.

Arbeitsaufträge

1 Verfassen Sie eine Zahlungserinnerung („reminder") an:
>Sheringham Furniture Store
>1999 Barcelona Boulevard
>Manchester, M 40 9 BW
>United Kingdom

Berücksichtigen Sie dabei folgende Einzelheiten:
- Ansprechpartnerin: Ms Celia Morgan, Einkaufsleiterin;
- Bezug auf Rechnung Nr. 233456 über 7 473,34 € vom 25.10.20(0);
- laut Kaufvertrag beträgt die Zahlungsfrist 30 Tage, letzter Zahlungstermin: 25.11.20(0);
- Rechnung nunmehr fünf Tage überfällig;
- Bitte um eine Erklärung und Setzung einer letzten Zahlungsfrist von sieben Tagen;
- Bitte, dieses Schreiben als gegenstandslos zu betrachten, sollte Zahlung bereits erfolgt sein;
- angemessene Verabschiedung.

2 Recherchieren Sie, mit welchen englischsprachigen Kunden Ihr Ausbildungsbetrieb Geschäftsbeziehungen unterhält. Beschaffen Sie sich nach Rücksprache mit Ihrem Ausbilder englischsprachige Geschäftskorrespondenz und analysieren Sie diese.

Aufgaben zur Prüfungsvorbereitung

Aufgabe 1

Sie sind Mitarbeiter im Rechnungswesen der Sommerfeld Bürosysteme GmbH und haben den folgenden Beleg zu bearbeiten:

Sommerfeld Bürosysteme GmbH
Ein ökologisch orientiertes Unternehmen mit Zukunft

Sommerfeld Bürosysteme GmbH, Gladbecker Str. 85–91, 45141 Essen

Deutsche Versicherung AG
Am Brunnen 18–22
45133 Essen

Anschrift: Gladbecker Str. 85–91, 45141 Essen
Telefon: 0201 163456-0
Telefax: 0201 1634589
E-Mail: info@sommerfeld.de
Web: www.sommerfeld.de

KOPIE

RECHNUNG

Auftragsdatum: 17.05.20(0)
Lieferdatum: 24.05.20(0)

Kunden-Nr.	Rechnungsnr.	Rechnungstag
24005	18945	25.05.20(0)
Bei Zahlung bitte angeben		

Pos.	Artikel-Nr.	Artikelbezeichnung	Menge	Einzelpreis €	Gesamtpreis €
1	330/15	Kendo Tisch rechteckig	20	633,00	12 660,00
2		abzgl. 8 % Sonderrabatt			− 1 012,80
					11 647,20

Warenwert €	Verpackung €	Fracht €	Entgelt netto €	USt-%	USt-€	Gesamtbetrag €
11 647,20	-	90,00	11 737,20	19	2 230,07	13 967,27

Die Ware bleibt bis zur vollständigen Bezahlung unser Eigentum.
Zahlbar innerhalb von zehn Tagen unter Abzug von 2 % Skonto oder innerhalb von 30 Tagen netto Kasse.
Frachtkosten sind nicht skontierbar!

Bankverbindungen:
Deutsche Bank Essen IBAN DE96360700500025203488 BIC DEUTDEDEXXX
Postbank Dortmund IBAN DE81440100460286778341 BIC PNBKDEFF440

Steuer-Nr.: 110/1250/0189 USt-IdNr.: DE129666846
Geschäftsführer: Claudia Farthmann, Lambert Feld, Hartmut Sommer

---

1.1 Bilden Sie den Buchungssatz für den abgebildeten Beleg.

Konto (SOLL)	Konto (HABEN)	Betrag (SOLL)	Betrag (HABEN)

1.2 Buchen Sie den Zahlungseingang auf dem Bankkonto der Sommerfeld Bürosysteme GmbH, wenn die Deutsche Versicherung AG den fälligen Rechnungsbetrag am 30. Mai unter Abzug von 2 % Skonto beglichen hat.

Konto (SOLL)	Konto (HABEN)	Betrag (SOLL)	Betrag (HABEN)

Nebenrechnungen:

1.3 Ermitteln Sie den Stückerlös, den die Sommerfeld Bürosysteme GmbH je Tisch erzielt hat.

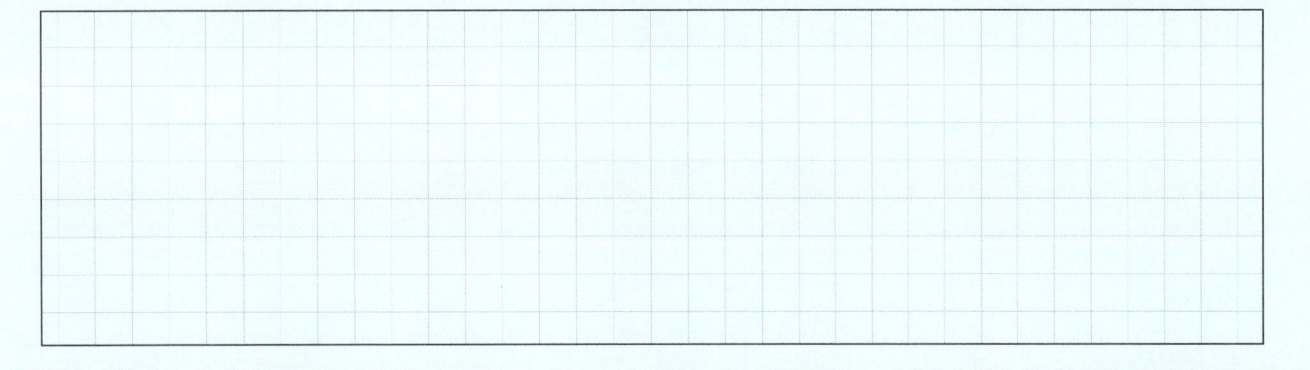

1.4 Ermitteln Sie die Verbindlichkeiten gegenüber dem Finanzamt, welche der Sommerfeld Bürosysteme GmbH durch den vorliegenden Geschäftsfall entstanden sind.

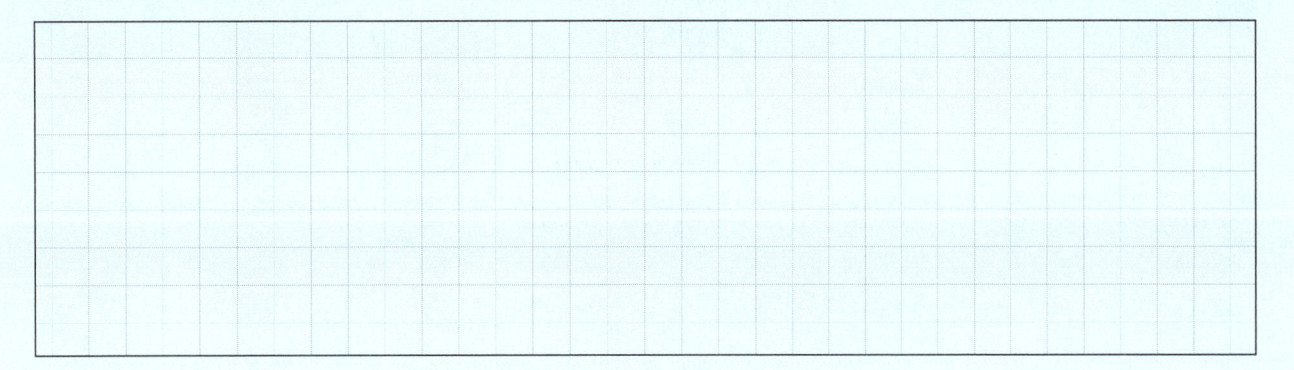

1.5 Erläutern Sie, welche Änderungen Sie an der Ausgangsrechnung vornehmen müssten, wenn Sie die Ware ins europäische Ausland liefern würden und der Käufer seinen Geschäftssitz in Frankreich hätte.

___

___

Aufgabe 2
Welche der folgenden Aussagen über eine Anpreisung trifft zu?
a) Sie ist an eine genau bestimmte Person gerichtet.
b) Sie ist rechtlich verbindlich.
c) Sie hat keinerlei Rechtwirkungen.
d) Sie ist an eine bestimmte Form gebunden.
e) Sie ist Bestandteil des Kaufvertrages.

Aufgabe 3
Die Eisenacher Elektrowerke liefern an die Almaron AG am 10. April zehn Laptops, die Rechnung geht am selben Tag ein.

3.1 Die Rechnung enthält kein Zahlungsziel. Erläutern Sie, ab wann sich die Almaron AG in Zahlungsverzug befindet, wenn keine Mahnung versandt wurde.

___

3.2 Die Rechnung enthält kein Zahlungsziel. Erläutern Sie, ab wann sich die Almaron AG in Zahlungsverzug befindet, wenn am 20. April eine Mahnung versandt wurde.

___

3.3 Die Rechnung enthält die Zahlungsbedingung: „Zahlung bis spätestens 24. April". Erläutern Sie, ab wann sich die Almaron AG in Zahlungsverzug befindet.

___

Aufgabe 4
Die Chemiewerke AG teilt sich den Markt für ein Gut mit zwei weiteren Anbietern; die folgende Tabelle zeigt die Marktentwicklung.

Jahr	Gesamtabsatz (t)	Anbieter A		Anbieter B		Chemiewerke AG	
		Preis/t (€)	Marktanteil (%)	Preis/t (€)	Marktanteil (%)	Preis/t (€)	Marktanteil (%)
20(0)	175	4 200,00	51	4 300,00	35	4 400,00	14
20(+1)	229	3 800,00	50	3 900,00	34	3 950,00	16
20(+2)	261	3 200,00	46	3 300,00	32	3 350,00	22
20(+3)	283	3 150,00	48	3 200,00	30	3 150,00	22
20(+4)	285	3 050,00	50	3 150,00	26	3 100,00	24
20(+5)	284	3 000,00	48	3 100,00	26	3 000,00	

Aufgaben zur Prüfungsvorbereitung

4.1 Ermitteln Sie für das Jahr 20(+5)
   a) den prozentualen Marktanteil der Chemiewerke AG.

   b) den Absatz der Chemiewerke AG.

   c) den Umsatz der Chemiewerke AG.

4.2 Erläutern Sie die Entwicklung
   a) des Gesamtmarktes im Hinblick auf den Lebenszyklus dieses Gutes.

   _____
   _____
   _____

   b) der Chemiewerke AG im Hinblick auf ihren Marktanteil.

   _____
   _____
   _____

4.3 Die Chemiewerke AG hat einen Einsatzstoff entwickelt, der technische und ökologische Vorteile gegenüber dem bisherigen Produkt hat. Die Selbstkosten würden bei ca. 3 000,00 €/t liegen, wobei die Kalkulation auf einer Jahresproduktion von mindestens 85 t basiert. Führen Sie drei Marktinformationen an, welche die Chemiewerke AG vor Einführung des neuen Produkts mithilfe der Marktforschung einholen sollte.

   _____
   _____
   _____

4.4 Bei der Einführung des neuen Produkts stellt sich für die Chemiewerke AG die Frage nach einer optimalen Preisstrategie. Führen Sie jeweils zwei Gründe an, die für eine
   a) Strategie der Niedrigpreispolitik sprechen.

   _____
   _____

   b) Strategie der Hochpreispolitik sprechen.

   _____
   _____

Aufgabe 5

Die Natural Care AG hat sich auf die Produktion und den Vertrieb pflanzlicher, nicht verschreibungspflichtiger Arzneimittel spezialisiert. Das Produktprogramm umfasst die rezeptfreien Produktgruppen A (Stärkungsmittel) und B (Erkältungsmittel).

Übersicht über die Umsätze der Natural Care AG in TEUR

Produktgruppe \ Jahr	Vertriebskanal								Umsatzveränderung
	Apotheke		Reformhaus		Drogeriemarkt		Gesamt		
	20(0)	20(+1)	20(0)	20(+1)	20(0)	20(+1)	20(0)	20(+1)	
A	2 100	2 050	21 000	22 500	4 350	4 500	27 450	29 050	+5,83 %
B	26 720	22 200	2 300	2 020	1 200	1 230	30 220	25 450	−15,78 %

5.1 Ermitteln Sie den prozentualen Anteil der über Apotheken vertriebenen
   a) Produktgruppe A,
   b) Produktgruppe B
   am Gesamtumsatz der jeweiligen Produktgruppe im Jahr 20(+1).

5.2 Ermitteln Sie die prozentuale Veränderung des Umsatzes über Drogeriemärkte für die
   a) Produktgruppe A.
   b) Produktgruppe B.

5.3 Erläutern Sie den Unterschied zwischen direkter und indirekter Werbung und treffen Sie eine begründete Entscheidung, für welche der beiden genannten Arten sich die Natural Care AG entscheiden sollte.

5.4 Erläutern Sie jeweils an einem konkretem Beispiel, wie die Natural Care AG
   a) Public Relations,
   b) Sales Promotions,
   c) Product Placement
   betreiben könnte und nennen Sie jeweils ein konkretes Ziel der jeweiligen Maßnahme.

Aufgabe 6

Die Almaron AG plant zukünftig Reisende einzusetzen und diese wie folgt zu entlohnen:
- Monatliches Fixum (Grundgehalt): 800,00 €
- Monatliche Spesenpauschale: 200,00 €
- Provision vom Gesamtumsatz gemäß folgender Staffelung:

Jahresumsatz (€)	Provision vom Gesamtumsatz (%)
bis 400 000,00	1
> 400 000,00 bis 800 000,00	2
> 800 000,00 bis 1 200 000,00	3
> 1 200 000,00 bis 1 600 000,00	4
> 1 600 000,00	5

6.1 Ermitteln Sie die Gesamtkosten pro Jahr, die ein Reisender verursacht, wenn mit einem Jahresumsatz in Höhe von 950 000,00 € und mit Lohnnebenkosten in Höhe von 35 % auf das Grundgehalt und die Provisionszahlungen kalkuliert werden muss.

6.2 Erläutern Sie drei Maßnahmen, welche die Industrieunternehmung treffen kann, um den Umsatz des Reisenden zu steigern.

6.3 Erläutern Sie zwei Vorteile, den der Einsatz von Reisenden im Vergleich zum Einsatz von Handelsvertretern hat.

6.4 Erläutern Sie zwei Maßnahmen aus dem Bereich der Distributionspolitik, mit deren Hilfe eine auf Ökologie bzw. Umweltfreundlichkeit ausgerichtete Firmenphilosophie bzw. Corporate Identity unterstützt werden könnte.

6.5 Marktuntersuchungen haben ergeben, dass in der Bevölkerung ein zunehmendes Bedürfnis nach Sicherheit besteht. Die Almaron AG reagiert darauf mit der Einführung eines Infrarot-Bewegungsmelders. In diesem Zusammenhang plant die Almaron AG den Vertrieb mit Elektrikern als Franchise-Partner umzustrukturieren. Erläutern Sie zwei Vorteile dieses Absatzweges aus der Sicht der Almaron AG.

Aufgabe 7

Die Winzereigenossenschaft Götz & Beike eG verkauft im langjährigen Jahresdurchschnitt 12 000 edle Weine zu einem Stückpreis von 39,00 € je Flasche; die Selbstkosten je Stück liegen bei 28,00 €.

Eine Marktuntersuchung hat ergeben, dass bei einem zusätzlichen Werbeaufwand von 95 000,00 €/Jahr folgende Alternativen zur Verfügung stünden:

- Alternative 1: Der Preis könnte um 6,00 € je Stück angehoben werden, ohne Absatzeinbußen hinnehmen zu müssen.
- Alternative 2: Bei gleichem Preis ließe sich der Absatz um 10 % steigern.

7.1 Begründen Sie rechnerisch, ob die Winzereigenossenschaft Götz & Beike eG sich bei zusätzlicher Werbung für Alternative 1 oder Alternative 2 entscheiden sollte oder ob es sinnvoller wäre, sich gegen zusätzlichen Werbeaufwand zu entscheiden.

7.2 Unabhängig von Ihrem Ergebnis aus Aufgabe 7.1 entscheidet sich die Winzereigenossenschaft Götz & Beike eG, eine Werbeagentur mit der Durchführung einer Werbekampagne zu beauftragen. Führen Sie sechs Aspekte an, die im Rahmen der Werbeplanung berücksichtigt werden müssen.

7.3 Bislang vertreibt die Winzereigenossenschaft Götz & Beike eG ihre Weine im Rahmen der Mehrwegdistribution sowohl über den Groß- und Einzelhandel (große Supermarktketten) als auch über den Facheinzelhandel (Weinhandlungen) und über Restaurants und Hotels. Erläutern Sie
a) zwei Gründe, warum sich das Unternehmen ausschließlich für die beschriebenen indirekten Absatzwege entschieden hat.

b) zwei Gründe, warum sich das Unternehmen entschieden hat, seine Produkte im Rahmen der Mehrwegdistribution (hier über drei unterschiedliche Vertriebskanäle: Einzelhandel, Facheinzelhandel, Restaurants bzw. Hotels) zu verkaufen.

Aufgabe 8
Die Abteilung „Rechnungswesen" der Radfabrik Eller liefert den folgenden Datenauszug:

Markt-Entwicklung für Damenräder in den letzten vier Monaten (Angaben in €)							Alle Anbieter
	Radfabrik Eller						
Monat	Absatz (x) in Stück	VK-Preis je Stück (pvk)	Umsatz (U)	Gesamtkosten (K)	Gewinn (G)	Marktanteil	Gesamter Branchenumsatz
Aug.	100 300	169,00		15 239 270,00		26,59 %	63 745 764,00
Sept.	90 100	169,00			1 423 987,00	24,24 %	62 820 680,00
Okt.	69 755		11 091 045,00		1 305 068,00		61 897 093,00
Nov.	50 280		7 491 720,00	6 500 252,00			60 975 035,00

8.1 Ermitteln Sie die im Datenauszug fehlenden Angaben und tragen Sie diese in die Tabelle ein.

8.2 Ermitteln Sie das Marktwachstum des Gesamtmarktes in den letzten beiden Monaten

8.3 Ermitteln Sie den relativen Marktanteil der Radfabrik Eller im Monat August, wenn der Marktführer einen Marktanteil von 30 % und ein weiterer Konkurrent einen Marktanteil von 25 % hat.

8.4 Ermitteln Sie die kurzfristige Preisuntergrenze für den Monat November, wenn der Anteil der fixen Kosten an den Gesamtkosten 42,5 % beträgt.

8.5 Erläutern Sie einen möglichen Grund, warum der Branchenumsatz insgesamt um knapp 3 000 000,00 € gesunken ist.

8.6 Erläutern Sie einen möglichen innerbetrieblichen Grund dafür, dass der Marktanteil der Radfabrik Eller im September (im Vergleich zum August) gesunken ist.

Aufgabe 9
Die Herstellung einer LED-Leuchte verursacht
- variable Kosten in Höhe von 1,50 € pro Stück,
- fixe Kosten in Höhe von 5 000 000,00 € pro Jahr.

Zu einem Preis von 9,50 € je Stück konnten im Jahr 20(0) 700 000 Stück dieses Markenartikels abgesetzt werden.

9.1 Ermitteln Sie den Gewinn.

9.2 Die Verkaufsleitung erwägt nunmehr eine Preissenkung auf 8,90 € je Stück. Ermitteln Sie die Stückzahl, die abgesetzt werden muss, um mindestens 620 000,00 € Gewinn pro Jahr im Bereich dieses Markenartikels zu erzielen.

9.3 Ermitteln Sie die Preiselastizität der Nachfrage, wenn die unter 9.2 ermittelte Absatzmenge tatsächlich erzielt werden kann.

9.4 Erläutern Sie drei Argumente, welche gegen die von der Verkaufsleitung erwogene Preissenkung sprechen.

9.5 Als Verkaufssachbearbeiter/-in stellen Sie fest, dass der Umsatz des oben angegebenen Markenartikels konjunkturbedingt rückläufig ist. Führen Sie drei innerbetriebliche Quellen an, denen solche Informationen entnommen werden können.

9.6 Erläutern Sie vier absatzpolitische Maßnahmen aus unterschiedlichen Bereichen des Marketing-Mix, mit dem Sie dem Umsatzrückgang begegnen können.

> **Hinweis:** Die Durchführung einer Werbekampagne wird von der Geschäftsleitung ebenso kategorisch abgelehnt wie eine weitere Preissenkung.

LERNFELD 11

Investitions- und Finanzierungsprozesse planen

Lernsituation 16: Investitionen planen

Ausgangssituation: Wünsch' dir was ...

Auf der turnusmäßigen Abteilungsleitersitzung der Sommerfeld Bürosysteme GmbH geht es heute hoch her: „Gedankenaustausch zum Investitionsplan für das kommende Geschäftsjahr" steht auf der Tagesordnung und die „alten Hasen" unter den Abteilungsleitern wissen: Hier und heute muss man Präsenz zeigen, wenn von den eigenen Investitionswünschen am Ende noch etwas übrig bleiben soll. Rudolf ist für die Protokollführung zuständig. Herr Feld eröffnet die Sitzung.

Lambert Feld:	„Ich begrüße Sie zur heutigen Sitzung. Ich denke, wir können es kurz machen und direkt mit den Investitionswünschen beginnen, die aus Ihrer Sicht Priorität genießen sollten. Herr Heller übernimmt die Protokollführung. Herr Weselberg, vielleicht können Sie für die Produktionsabteilung beginnen."
Horst Weselberg:	„Tja, in der Produktion stehen ja noch so einige Maschinen herum, die schon ziemlich alt sind und eigentlich aussortiert werden müssten. Da das hier aber kein Wunschkonzert ist, nenne ich nur die wichtigsten Investitionen: Wir benötigen dringend eine neue Bandsäge, da unsere alte Anlage viel zu langsam arbeitet. Einen Standbohrer und zwei Pendelkreissägen brauchen wir zusätzlich, da unsere Kapazitäten in diesem Bereich einfach nicht ausreichen. Zudem arbeiten viele unserer Konkurrenten mittlerweile mit vollautomatischen Stichsägen. Wir sollten hier dem technischen Fortschritt nicht länger hinterherlaufen. Darüber hinaus sollten wir zwingend ein neues Filtersystem für das vollautomatische Spritzgerät in der Lackiererei beschaffen, wenn wir weiterhin klimaschonend produzieren wollen."
Emilio Lanzetti:	„Wenn ich da kurz einhaken darf: Unser Materiallager platzt mittlerweile aus allen Nähten. Entweder wir vereinbaren also mit unseren Zulieferern mehr Just-in-time-Anlieferungen oder wir brauchen ganz einfach eine neue Lagerhalle."
Lambert Feld:	„Okay, danke für den ersten Überblick. Wir machen weiter mit der Personalabteilung, die ja sicherlich weniger investitionsintensiv ist."
Franz Krämer:	„Weniger investitionsintensiv? Na ja, im kommenden Jahr sind Investitionen in die Weiterbildung unserer Mitarbeiter zwingend erforderlich. Gerade im Bereich der Computertechnologie, aber auch bei Verkaufsschulungen haben wird dringenden Fortbildungsbedarf. Wenn ich dann noch höre, in welchem Umfang neue Fertigungsanlagen angeschafft werden sollen, dann fallen für unsere Produktionsmitarbeiter sicherlich auch entsprechende Schulungen an. Wir benötigen eben hoch qualifiziertes Personal, um konkurrenzfähig zu bleiben."

| Ute Stefer: | „Als Betriebsratsvorsitzende muss ich darauf hinweisen, dass wir bei allen wirtschaftlichen Zielen nicht vergessen dürfen, dass es auch um die Verbesserung der Arbeitsumgebung und um Vermeidung von Unfallgefahren geht, wenn wir über zukünftige Investitionen sprechen." |

Lambert Feld: „Sicher, sicher, Frau Stefer und vielen Dank, Herr Krämer. Wir haben alle unsere Wünsche. Sicherlich auch Herr Kraus vom Vertrieb, oder?"

Peter Kraus: „Wünsche? Zwingend notwendige Investitionen im Bereich der Werbung trifft es wohl eher. Wenn wir unsere neuen Produkte erfolgreich auf dem Markt platzieren wollen, ist eine umfangreiche Werbekampagne unvermeidbar. Eine Überlegung wert wäre es, auch mal in Fernsehwerbung zu investieren. Schließlich sollte es doch unser Ziel sein, unser Unternehmen auch beim Endverbraucher bekannter zu machen, damit die privaten Verbraucher in den Möbelhäusern gezielt nach unseren Produkten fragen."

Lambert Feld: „Vielen Dank, Herr Kraus, das sind interessante Gedanken, die Sie da äußern. Vielleicht sollten wir nun Frau Lange und Herrn Kurz von der Finanzabteilung zu Wort kommen lassen."

Jessica Lange: „'Same procedure as every year', kann ich da nur sagen. Jede Menge Investitionswünsche – aber ich gebe zu bedenken: All das, was Sie gerade so schön aufgezählt haben, muss auch irgendwie finanziert werden. Woher sollen wir denn das Kapital nehmen? Soll ich eine Bank ausrauben? Außerdem sollten wir auch darüber nachdenken, uns an jungen aufstrebenden Unternehmen zu beteiligen. Ich habe da zwei Unternehmen im Kopf, die eine saftige Rendite versprechen, wenn wir unser Kapital dort investieren."

Lambert Feld: „Gut, gut. An dieser Stelle möchte ich dann doch kurz unterbrechen. Ich werde Frau Farthmann und Herrn Sommer von der Sitzung unterrichten. Rudolf, wenn Sie bitte zeitnah das Protokoll der heutigen Sitzung anfertigen würden."

Als Rudolf den Konferenzraum verlässt, schwirrt ihm der Kopf: „Wie soll ich denn jetzt die ganzen verschiedenen Investitionswünsche in einem Protokoll zusammenfassen? Daniela, hast du nicht eine Idee?" Daniela antwortet: „Versuch doch zunächst mal das, was du gehört hast, sinnvoll zu strukturieren."

Arbeitsaufträge

1 Unterstützen Sie Rudolf bei der Erstellung des Protokolls, indem Sie die auf der Abteilungsleitersitzung genannten Investitionswünsche einer der Investitionsarten zuordnen.

Arten von Investitionen		
Sachinvestitionen	Finanzinvestitionen	Immaterielle Investitionen

Arten von Investitionen		
Sachinvestitionen	Finanzinvestitionen	Immaterielle Investitionen

2 Nennen Sie mögliche Ziele, welche die Sommerfeld Bürosysteme GmbH mit den oben genannten Investitionswünschen verfolgt.

Ziele von Investitionen		
Ökonomische Ziele	Soziale Ziele	Ökologische Ziele

3 Führen Sie an, in welchen Schritten ein Investitionsentscheidungsprozess verläuft.

1. _____

2. _____

3. _____

4. _____

5. _____

6. _____

7. _____

4 Erläutern Sie kurz, welche betrieblichen Teilpläne maßgeblich für die Erstellung eines Investitionsplanes sind und welche Angaben der Finanzierungsplan enthält.

Lernsituation 17: Statische Investitionsrechnungen durchführen

Ausgangssituation: Investitionsentscheidungen treffen

Zwei Wochen nach der Abteilungsleiterversammlung der Sommerfeld Bürosysteme GmbH kommt es im Konferenzzimmer zwischen Herrn Feld und Herrn Weselberg zu folgendem Gespräch.

Lambert Feld: „Guten Morgen, Herr Weselberg. Nach langen Diskussionen mit den anderen Gesellschaftern haben wir uns dazu entschlossen, dem Kauf einer vollautomatischen Bandsäge, wie von Ihnen vorgeschlagen, Priorität einzuräumen. Wir stehen nämlich in Verhandlungen mit mehreren Baumärkten, die ein großes Interesse daran haben, von uns passgenau zugeschnittene hochwertige Regalbretter aus Massivholz, die der Kunde dann individuell zu Regalsystemen zusammensetzen kann, zu beziehen. Wir könnten bei einem anfänglichen Auftragsvolumen von 45 000 Brettern durchschnittlich rund 27,00 € je Stück erlösen."

Horst Weselberg: „Sie hatten so etwas ja schon letzte Woche angedeutet, daher habe ich ein entsprechende Entscheidung erwartet und schon mal etwas vorgearbeitet: Mit unserer aktuellen Säge können wir 35 000 Teile im Jahr passgenau zusägen. Diese Menge reicht aber gerade mal, um unseren aktuellen Bedarf zu decken. Wenn wir tatsächlich mit den Baumärkten ins Geschäft kommen, benötigen wir zusätzliche Kapazitäten. Deswegen habe ich mich bei den Maschinenherstellern schon mal umgehört, Angebote eingeholt und miteinander verglichen. Das beste Angebot kommt von der Höfler Maschinenbau GmbH aus Obernzell bei Passau, ein Unternehmen mit einem hervorragenden Ruf. Beste Qualität und absolut zuverlässig! Zwei unterschiedliche Varianten einer vollautomatischen Bandsäge mit integriertem Kanten- und Breitbandschleifer kommen für uns infrage. Ich habe die wesentlichen Daten in der folgenden Übersicht mal kurz zusammengefasst."

Lernsituation 17

Angebotsvergleich
Vollautomatischen Bandsäge

Sommerfeld Bürosysteme GmbH
Ein ökologisch orientiertes Unternehmen mit Zukunft

Angebot 1: XT 2020
- Anschaffungskosten: 1 500 000,00 €
- Betriebsindividuelle Nutzungsdauer: 10 Jahre
- Maximalkapazität: 58 000 Stück
- Sonstige Fixkosten (u. a. Raum- und Wartungskosten): 25 000,00 €
- Zur Bedienung der Fertigungsanlage werden drei Mitarbeiter benötigt
  → Lohnkosten: 5,40 € je Stück
- Sonstige variable Kosten (u. a. Energieverbrauch): 1,40 € je Stück
- Durchschnittliche Materialkosten: 14,00 € je Stück

Angebot 2: RX 1900
- Anschaffungskosten: 1 700 000,00 €
- Betriebsindividuelle Nutzungsdauer: 10 Jahre
- Maximalkapazität: 55 000 Stück
- Sonstige Fixkosten (u. a. Raum- und Wartungskosten): 25 000,00 €
- Zur Bedienung der Fertigungsanlage werden zwei Mitarbeiter benötigt
  → Lohnkosten 3,60 € je Stück
- Sonstige variable Kosten (u. a. Energieverbrauch): 0,60 € je Stück
- Durchschnittliche Materialkosten: 14,00 € je Stück

Grüße
Weselberg

Arbeitsauftrag

Treffen Sie mithilfe der statischen Investitionsrechenverfahren eine rechnerisch begründete Entscheidung, welche der beiden Fertigungsanlagen angeschafft werden sollte.

a) Kostenvergleichsrechnung:

	XT 2020	RX 1900
Allgemeine Angaben		
Anschaffungskosten (€)		
Nutzungsdauer (Jahre)		
Maximale Leistungsmenge (Stück)		
Geplante Auslastung in Stück	45 000	45 000
Jährliche Fixkosten (€)		
Kalk. Abschreibungen (linear)		
Kalk. Zinsen (6 % vom halben Anschaffungswert)		
Sonstige Fixkosten		
Fixe Gesamtkosten		
Fixe Stückkosten bei geplanter Auslastung		

	XT 2020	RX 1900
Fixe Stückkosten bei Maximalkapazität		
Jährliche variable Kosten (€)		
Lohnkosten je Stück		
Fertigungsmaterial je Stück		
Sonst. variable Kosten je Stück		
Variable Stückkosten		
Variable Gesamtkosten bei geplanter Auslastung		
Variable Gesamtkosten bei Maximalkapazität		
Gesamtkosten bei geplanter Auslastung		
Stückkosten bei geplanter Auslastung		
Gesamtkosten bei Maximalkapazität		
Stückkosten bei Maximalkapazität		

b) **Gewinnvergleichsrechnung**

	XT 2020			
	je Stück		für die Gesamtmenge	
	bei geplanter Auslastung	bei Maximalkapazität	bei geplanter Auslastung	bei Maximalkapazität
Erlöse				
Kosten				
Gewinn				

	RX 1900			
	je Stück		für die Gesamtmenge	
	bei geplanter Auslastung	bei Maximalkapazität	bei geplanter Auslastung	bei Maximalkapazität
Erlöse				
Kosten				
Gewinn				

c) **Rentabilitätsvergleichsrechnung**

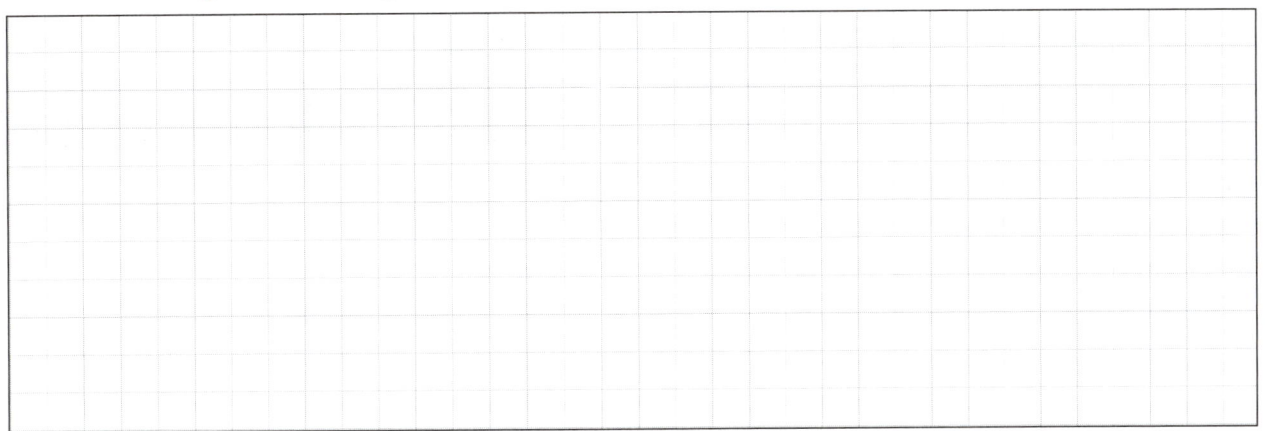

d) Amortisationsvergleichsrechnung

Entscheidung: _____

Begründung: _____

Lernsituation 18: Langfristige Finanzierungsarten beurteilen

Ausgangssituation I: Wie finanzieren wir die neue Fertigungsanlage?

Nachdem die Entscheidung für den Kauf der neuen Fertigungsanlage gefallen ist, sitzen die drei Gesellschafter der Sommerfeld Bürosysteme GmbH, Claudia Farthmann, Lambert Feld und Hartmut Sommer, zusammen und machen sich Gedanken über die Finanzierung der geplanten Investition.

Lambert Feld: „Zur Finanzierung der geplanten Investition benötigen wir 1 700 000,00 €. Natürlich kann der Kaufvertrag erst dann unterschrieben werden, wenn die Finanzierung geklärt ist."

Claudia Farthmann: „Was sagen denn Herr Kurz und Frau Lange von der Finanzabteilung?"

Hartmut Sommer:	„Na ja, liquide Mittel stehen uns zurzeit nur in sehr geringem Maße zur Verfügung und werden vor allen Dingen für den Ausgleich kurzfristiger Verbindlichkeiten benötigt. Vielleicht sollten wir doch noch einmal darüber nachdenken, ob wir unsere Stammeinlagen nicht noch weiter aufstocken."
Claudia Farthmann:	„Das hatten wir doch bereits geklärt: keine Erhöhung unserer Stammeinlagen! Letztlich ist doch niemand von uns dreien in der Lage, aus seinem Privatvermögen weiteres Kapital in einer nennenswerten Größenordnung in das Unternehmen zu investieren."
Hartmut Sommer:	„Dann sollten wir noch einmal ganz intensiv prüfen, ob wir – auch aufgrund des steigenden Finanzierungsbedarfs in den nächsten Jahren – nicht doch einen weiteren Gesellschafter, der das nötige Kapital mitbringt, aufnehmen sollten.
Lambert Feld:	„Da bin ich eher skeptisch. Der möchte doch auch was vom Kuchen abhaben und vor allen Dingen mitbestimmen, wie er zu backen ist. Nein, nein, wir sollten unsere Bilanz noch einmal ganz genau analysieren und schauen, ob sich dort nicht noch irgendwo liquide Mittel verstecken."
Hartmut Sommer:	„Es stellt sich tatsächlich die Frage, ob wir in den letzten Jahren die Möglichkeiten der Innenfinanzierung voll ausgeschöpft haben."
Claudia Farthmann:	„Wohl wahr! Aber wenn das alles nichts hilft, können wir immer noch bei unserer Hausbank wegen eines Darlehens vorsprechen. Wir sind schließlich ein gesundes mittelständisches Unternehmen. Ich kann mir nicht vorstellen, dass die Deutsche Bank Essen sich weigert, unser Investitionsvorhaben zu finanzieren."

Arbeitsaufträge

1 Erläutern Sie grundsätzliche Möglichkeiten, die geplante Investition zu finanzieren. Unterscheiden Sie dabei zwischen Eigen- und Fremdfinanzierung sowie zwischen Innen- und Außenfinanzierung, erstellen Sie eine aussagekräftige Übersicht und präsentieren Sie diese in Plakatform in der Klasse.

2 Eine in der Ausgangssituation angesprochene Möglichkeit der Außenfinanzierung ist die Aufnahme eines neuen Gesellschafters. Erläutern Sie unter Bezugnahme auf den nachstehend abgedruckten Auszug aus dem Gesellschaftervertrag, warum sich die drei Alt-Gesellschafter gegen die Aufnahme eines neuen Gesellschafters (Kapitaleinlage in Höhe des Finanzierungsbedarfs: 1 700 000,00 €) aussprechen. Gehen Sie bei Ihren Überlegungen davon aus, dass die Kapitaleinlagen der Alt-Gesellschafter in unveränderter Höhe bestehen.

Auszug aus dem Gesellschaftsvertrag der Sommerfeld Bürosysteme GmbH

[…]

§ 5

Das Stammkapital der Gesellschaft beträgt 4 000 000,00 €.

§ 6

Das Stammkapital wird aufgebracht:
1. Gesellschafterin Dipl.-Ing. Claudia Farthmann mit einem Nennbetrag der Geschäftsanteile von   1 000 000,00 €.
2. Gesellschafter Dipl.-Kfm. Lambert Feld mit einem Nennbetrag der Geschäftsanteile von   1 500 000,00 €.
3. Gesellschafter Hartmut Sommer mit einem Nennbetrag der Geschäftsanteile von   1 500 000,00 €. […]

§ 8

Die Gesellschafterversammlung beruft einstimmig die Geschäftsführung.

§ 9

Die Gesellschaft hat mindestens zwei Geschäftsführer. Sie wird von der Geschäftsführung gerichtlich und außergerichtlich vertreten.

[…]

§ 11

Die Rechte der Gesellschafter werden bis auf Widerruf auf die Geschäftsführung übertragen. Für den Widerruf ist eine Mehrheit von 3/4 der Stimmen erforderlich. Abgestimmt wird nach Geschäftsanteilen. Je 1,00 € eines Geschäftsanteils gewähren eine Stimme.

§ 12

[…] Die Gesellschafterversammlung beschließt nach freiem Ermessen und einfacher Mehrheit von 3/4 der Stimmen über die Verteilung des jährlichen Reingewinns. Kann die Gesellschafterversammlung keinen Beschluss zur Verteilung des jährlichen Reingewinns fassen, tritt folgende Regelung in Kraft:
1. Vom Jahresüberschuss wird jedem Gesellschafter vorab eine Aufwandsentschädigung in Höhe von 12 000,00 € gezahlt.
2. Der Rest wird entsprechend der Kapitalanteile vollständig an die Gesellschafter ausgeschüttet.

[…]

Ausgangssituation II: Kreditfinanzierung bei der Deutschen Bank Essen

Nach einigem Hin und Her haben sich Claudia Farthmann, Hartmut Sommer und Lambert Feld darauf geeinigt, die Fremdfinanzierung der Fertigungsanlage durch eine Darlehensaufnahme bei ihrer Hausbank zu prüfen. Die Deutsche Bank Essen hat der Sommerfeld Bürosystem GmbH daraufhin das nachfolgend abgedruckte Darlehensangebot zukommen lassen.

Deutsche Bank Essen, Marktstr. 1, 45121 Essen

Sommerfeld Bürosysteme GmbH
Gladbecker Straße 85–91
45141 Essen

Ihr Zeichen: SB-Fe
Ihre Nachricht vom: 03.02.20(0)
Unser Zeichen: Kat
Unsere Nachricht vom:

Name: S. Kattenbeck
Telefon: 0201/66835-17
Datum: 05.02.20(0)

Darlehenskonditionen (Festdarlehen)

Sehr geehrter Herr Feld,

wir danken Ihnen für Ihre Anfrage und sind erfreut, Ihnen auf Grundlage unserer langjährigen Geschäftsbeziehungen das von Ihnen gewünschte Darlehen zeitnah zu folgenden Konditionen anzubieten:

Darlehenssumme: 1 700 000,00 €
Laufzeit: 10 Jahre
Auszahlung: 100 %
Zinssatz: 5,5 % p. a.
Tilgungsmodalitäten:
    Variante 1: Festdarlehen (Tilgung am Ende der Laufzeit in einer Summe)
    Variante 2: Abzahlungsdarlehen (monatliche Tilgung mit gleichbleibenden Tilgungsraten)
    Variante 3: Annuitätendarlehen (monatliche Tilgung mit gleichbleibenden Annuitäten)

Bezüglich der Besicherung der gewährten Kreditsumme würden wir uns zeitnah mit Ihnen in Verbindung setzen. Über die Verwendung der Darlehenssumme hinaus erheben wir keinerlei weitere Forderungen bezogen auf Ihre Geschäftspolitik.

Mit freundlichen Grüßen

S. Kattenbeck

S. Kattenbeck

Leiterin Firmenkundengeschäft
Deutsche Bank Essen

Arbeitsaufträge

1 Erstellen Sie für die drei Finanzierungsalternativen (Festdarlehen, Abzahlungsdarlehen, Annuitätendarlehen) jeweils einen Tilgungsplan, aus dem die jährlichen Zinszahlungen, die jährlichen Tilgungszahlungen sowie die jährliche Annuität hervorgehen.

Festdarlehenstilgungsplan

Jahr	Schuld am Anfang des Jahres in €	Tilgung in €	Zinsen in €	Annuität in €	Schuld am Ende des Jahres in €
1	1 700 000,00				
2					
3					
4					
5					
6					
7					
8					
9					
10					
Summe					

Abzahlungsdarlehenstilgungsplan

Jahr	Schuld am Anfang des Jahres in €	Tilgung in €	Zinsen in €	Annuität in €	Schuld am Ende des Jahres in €
1	1 700 000,00				
2					
3					
4					
5					
6					
7					
8					
9					
10					
Summe					

Annuitätendarlehenstilgungsplan

> **Hinweis:** Zur Berechnung der Annuität verwenden Sie bitte folgende Formel:
> $$\frac{Darlehenshöhe \cdot i (1 + i)^n}{(1 + i)^n - 1}$$

Jahr	Schuld am Anfang des Jahres in €	Tilgung in €	Zinsen in €	Annuität in €	Schuld am Ende des Jahres in €
1	1 700 000,00				
2					
3					
4					
5					
6					
7					
8					
9					
10					
Summe					

2 Grenzen Sie die Vor- und Nachteile der drei Darlehensarten voneinander ab und entscheiden Sie sich für eine der drei Varianten.

Lernsituation 19: Finanzierungsalternativen prüfen

Ausgangssituation: Soll die Fertigungsanlage geleast werden?

Nachdem Lambert Feld, Claudia Farthmann und Hartmut Sommer sich gegen eine Eigenfinanzierung (keine weitere Erhöhung der eigenen Stammeinlagen, keine Aufnahme eines neuen Gesellschafters) entschieden haben, soll als Alternative zur Fremdfinanzierung mittels Darlehensaufnahme nunmehr geprüft werden, ob es nicht sinnvoller ist, die Fertigungsanlage zu leasen. Der Hersteller der vollautomatischen Bandsäge, die Höfler Maschinenbau GmbH, ist bereit als Leasinggeber (Direct Leasing) zu fungieren und hat ein entsprechendes Angebot unterbreitet:

Höfler Maschinenbau GmbH
Individuelle Lösungen für Ihren Maschinenpark

Höfler Maschinenbau GmbH
Kaufmannstr. 42
94130 Obernzell
Tel. 08591 – 75 76 77
Fax 08591 – 75 76 70
E-Mail: hoefler@maschinenbau.de

Sommerfeld Bürosysteme GmbH
Herrn Lambert Feld
Gladbecker Str. 85–91
45141 Essen

Ihr Zeichen	Ihre Nachricht vom	Unser Zeichen	Unsere Nachricht vom	Obernzell,
So-Fe	04.03.20(0)	Hoe		12.03.20(0)

Leasing-Angebot Nr. 164/01
Vollautomatische Bandsäge mit integriertem Kanten- und Breitbandschleifer RX 1900

Sehr geehrter Herr Feld,

wir danken Ihnen für Ihr Interesse an oben genannter Fertigungsanlage. Sehr gerne erfüllen wir Ihren Wunsch und bieten Ihnen an, die RX 1900 zu folgenden Konditionen zu leasen:

Leasing-Objekt:	RX 1900 Leistungsumfang gem. Angebot vom 31.01.20(0)
Kaufpreis:	1 700 000,00 €
Grundmietzeit:	vier Jahre
Monatliche Leasing-Rate:	42 500,00 €
Inklusiv-Leistungen:	Anlieferung, Aufbau und Montage (betriebsbereiter Zustand); regelmäßige Instandhaltung und Wartung
Optionen nach Ablauf der Grundmietzeit:	Kauf des Leasing-Objekts zum Preis von 890 000,00 € oder Anschluss-Leasing der RX 1900

Unsere Preise verstehen sich zuzüglich der jeweils gültigen gesetzlichen Mehrwertsteuer. Wir hoffen, Ihnen eine attraktive Alternative zum Kauf der Fertigungsanlage aufgezeigt zu haben, und freuen uns auf Ihren Auftrag, den wir zu Ihrer vollsten Zufriedenheit ausführen werden.

Mit freundlichen Grüßen

Franz Steininger

Leiter der Kundenbetreuung

Arbeitsaufträge

1 Ermitteln Sie die beim Leasing anfallenden Kosten und vergleichen Sie diese mit den Kreditkosten, die beim Kauf der Maschine anfallen würden.

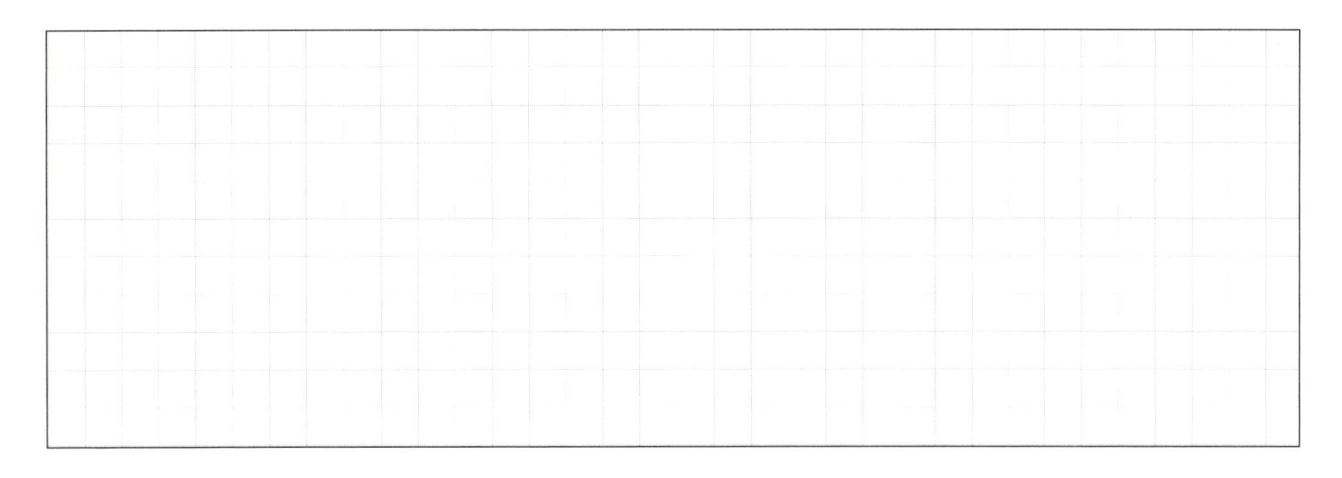

2 Erläutern Sie, welche Auswirkungen die Kreditfinanzierung der Fertigungsanlage einerseits bzw. der Abschluss eines Leasingvertrages andererseits auf den Jahresabschluss der Sommerfeld Bürosysteme GmbH hat.

Kreditfinanzierung	Leasing

3 Treffen Sie auf Grundlage Ihrer Berechnungen sowie von weiteren maßgeblichen Aspekten eine begründete Entscheidung, ob die Sommerfeld Bürosysteme GmbH das Leasing der Fertigungsanlage dem Kauf und der damit verbundenen Kreditfinanzierung vorziehen sollte.

Lernsituation 20: Kreditsicherungsmöglichkeiten berücksichtigen

Ausgangssituation: Sicherheit muss sein!

Nach Rücksprache mit Peter Kurz und Jessica Lange von der Finanzabteilung haben Lambert Feld, Claudia Farthmann und Hartmut Sommer beschlossen, die RX 1900 zu kaufen und das Darlehensangebot der Deutschen Bank Essen (vgl. Lernsituation 18) anzunehmen. In der kommenden Woche sollen sowohl der Kaufvertrag als auch der Darlehensvertrag unterzeichnet werden. In diesem Zusammenhang muss auch geklärt werden, welche Sicherheiten der Deutschen Bank für die zur Verfügung gestellte Darlehenssumme in Höhe von 1 700 000,00 € angeboten werden sollen.

Arbeitsaufträge

1 Erstellen Sie mithilfe Ihres Lehrbuches eine kurze Übersicht über die Ihnen bekannten Kreditsicherungsmöglichkeiten.

2 Stellen Sie in arbeitsteiligen Gruppen jeweils eine Kreditsicherungsmöglichkeit in einem Kurzvortrag vor und beurteilen Sie
- aus Sicht der Sommerfeld Bürosysteme GmbH (Darlehensnehmer) und
- aus Sicht der Deutschen Bank Essen (Darlehensgeber),

ob die vorgestellte Kreditsicherungsmöglichkeit in diesem Fall geeignet ist.

3 Treffen Sie eine begründete Entscheidung, für welche Kreditsicherungsmöglichkeit Sie sich in diesem Fall entscheiden würden.

Lernsituation 21: Finanz- und Liquiditätsplanung beachten

Ausgangssituation: Die neue Bandsäge ist sehr rentabel - aber bleiben wir auch liquide?

Nachdem der Kauf der neuen vollautomatischen Bandsäge mithilfe einer Darlehensaufnahme bei der Deutschen Bank abgewickelt worden ist, sitzen die drei Gesellschafter der Sommerfeld Bürosysteme GmbH zusammen und besprechen die aktuelle Finanzlage.

Lambert Feld: „Beim Blick auf unsere Bilanz bin ich eigentlich doch ganz zufrieden und auch zuversichtlich, dass wir auch die nächsten geplanten Investitionsvorhaben finanzieren können."

Hartmut Sommer: „Sicherlich, uns geht es eigentlich ganz gut. Wir haben im vergangenen Jahr einen ordentlichen Gewinn erwirtschaftet und auch einige Rücklagen aufgebaut, doch ein Großteil unseres Kapitals ist bereits in den unterschiedlichen Vermögensgegenständen gebunden."

Claudia Farthmann: „Außerdem müssen wir berücksichtigen, dass der Kauf der Bandsäge und die Darlehensaufnahme in dieser Bilanz natürlich noch nicht berücksichtigt sind."

Lambert Feld: „Da gibt es doch diese Finanzierungsregeln. Vielleicht sollten wir uns die einmal genauer anschauen und prüfen, wie es um unsere Finanzplanung konkret bestellt ist."

Aktiva	(Verkürzte Darstellung der) Bilanz der Sommerfeld Bürosysteme GmbH		Passiva
A. Anlagevermögen		**A. Eigenkapital**	
I. Immaterielle Vermögensgegenstände		I. Gezeichnetes Kapital	4 000
1. Konzessionen	700	II. Kapitalrücklage	150
II. Sachanlagen		III. Gewinnrücklagen	450
1. Grundstücke und Bauten	3 500	IV. Jahresüberschuss	520
2. Technische Anlagen und Maschinen	3 150		
3. Betriebs- und Geschäftsausstattung	600	**B. Rückstellungen**	
III. Finanzanlagen		1. Rückstellungen für Pensionen	390
1. Wertpapiere des Anlagevermögens	220	2. Steuerrückstellungen	55
		3. Sonstige Rückstellungen	275
B. Umlaufvermögen			
I. Vorräte		**C. Verbindlichkeiten**	
1. Roh-, Hilfs-, Betriebsstoffe	1 500	1. Anleihen (lgfr.)	450
2. Unfertige Erzeugnisse	210	2. Verbindlichkeiten gegenüber	
3. Fertige Erzeugnisse	375	Kreditinstituten (lgfr.)	3 650
4. Geleistete Anzahlungen	80	3. Verbindlichkeiten a. LL	1 375
II. Forderungen u. sonst. Vermögensgegenstände		4. Sonstige Verbindlichkeiten	63
1. Forderungen a. LL	955		
2. Sonstige Vermögensgegenstände	10	**D. Rechnungsabgrenzungsposten**	18
III. Wertpapiere des Umlaufvermögens	12		
IV. Kassenbestand, Bankguthaben	354		
C. Rechnungsabgrenzungsposten	30		
	11 396		**11 396**

Essen, 10. Januar 20..   *Lambert Feld*   *Hartmut Sommer*   *Claudia Farthmann*

Hinweis: Angabe aller Beträge der Bilanz in Tsd. €

Arbeitsaufträge

1 Erläutern Sie, welche Bilanzpositionen sich durch den Kauf der Fertigungsanlage und die Aufnahme des Darlehens verändern.

   a) auf der Aktivseite: _____

   b) auf der Passivseite: _____

   c) neue Bilanzsumme: _____

2 Nennen Sie die grundsätzlichen Ziele der Finanzplanung.

3 Überprüfen Sie mithilfe der abgebildeten Bilanz, ob die Sommerfeld Bürosysteme GmbH
   a) die Goldene Finanzierungsregel,
   b) die Goldene Bilanzregel
   einhält und ob sich die beiden Kennzahlen durch den Kauf der Fertigungsanlage und die Darlehensaufnahme verändert haben.

Aufgaben zur Prüfungsvorbereitung

Aufgabe 1

1.1 Ergänzen Sie die folgende Tabelle unter Berücksichtigung der darunter abgebildeten Grafik und ermitteln Sie die Kapitalbindungsdauer je Kostenposition und den Gesamtkapitalbedarf des Industrieunternehmens.

Kostenarten	Durchschnittlicher Kapitalbedarf/Tag (€)	Durchschnittliche Kapitalbindungsdauer (Tage)	Kapitalbedarf (€)
Einzelkosten:			
Material	20 000,00		
Löhne	2 500,00		
Gemeinkosten:			
Fertigung	2 000,00		
Lager	100,00		
Verwaltung	200,00		
Gesamt:			

												Anzahl der Tage												
1	2	3	4	5	6	7	8	9	10	11	12	13	14	15	16	17	18	19	20	21	22	23	24	25
						Produktionsdauer												Lagerdauer		Kundenziel				
		Lieferziel																						

Bei den angegebenen Zeiten handelt es sich um Durchschnittszeiten.

1.2 Wie wirkt es sich auf den gesamten Kapitalbedarf aus, wenn bei voller Kapazitätsauslastung kurzfristig dringende Kundenaufträge in den Produktionsplan aufgenommen werden? Begründen Sie die von Ihnen genannte Auswirkung kurz.

Aufgabe 2

Für die Fertigung eines neuen Produktes sollen die Anlagen ausgewählt werden, mit denen für die eingesetzten Finanzmittel die beste Verzinsung erwirtschaftet werden kann. Zur Auswahl stehen zwei Anlagen:

	Anlage A	Anlage B
Anschaffungsausgabe	100 000,00 €	60 000,00 €
Nutzungsdauer in Jahren	4	5
Jährlicher kalk. Zinssatz in % (vom halben Anschaffungswert)	8	8
Sonstige Fixkosten (außer Abschreibungen)	11 000,00 €	1 600,00 €
variable Kosten je Fertigungseinheit	10,00 €	10,50 €
Maximale Kapazität je Jahr in Stück	50 000	40 000

2.1 Berechnen Sie, welche der beiden Einrichtungen am kostengünstigsten arbeitet, wenn die gesamte Produktionsmenge abgesetzt werden kann. Berechnen Sie die Gesamtkosten und die Stückkosten.

2.2 Ermitteln Sie den mit den Anlagen A und B jeweils zu erzielenden Gewinn, wenn sich die gesamte Produktionsmenge zu einem Stückpreis von 11,00 € absetzen lässt.

2.3 Ermitteln Sie die Rentabilität für beide Anlagen.

2.4 Erläutern Sie, für welche Anlage Sie sich (abweichend von obiger Aufgabenstellung) bei sehr niedrigen Stückzahlen entscheiden würden. Begründen Sie Ihre Entscheidung.

_____
_____
_____
_____

Aufgabe 3
Geben Sie an, ob es sich in den folgenden Fällen um eine
- Eigen- oder Fremdfinanzierung,
- Innen- oder Außenfinanzierung

handelt. Kreuzen Sie in jeder Zeile die zwei korrekten Zuordnungen an.

	EF	FF	IF	AF
a) Bildung einer Pensionsrückstellung				
b) Aufnahme eines Hypothekendarlehens				
c) Kapitaleinlage von Gesellschaftern einer GmbH				
d) Verrechnung von Abschreibungen in den Verkaufspreis				
e) Einbehaltung von Gewinnanteilen				
f) Aufnahme eines Kontokorrentkredites („Kontoüberziehung")				
g) Bildung stiller Reserven durch überhöhte Abschreibungen				
h) Ausnutzung eines Zahlungsziels von 30 Tagen				

Aufgabe 4
Ermitteln Sie anhand der nachstehend abgebildeten Bilanz, wie viel TEUR durch

4.1 Eigenfinanzierung aufgebracht werden _____

4.2 Fremdfinanzierung aufgebracht werden _____

4.3 offene Selbstfinanzierung aufgebracht werden _____

Aktiva		Passiva	
Bebaute Grundstücke	400	Gezeichnetes Kapital	550
Maschinen	30	Kapitalrücklagen	150
BGA	50	Gewinnrücklagen	50
Vorräte	170	Rückstellungen	30
Forderungen	130	Verbindlichkeiten	170
Flüssige Mittel	120		
	900		950

Aufgabe 5
Stellen Sie fest, ob es sich bei den unten stehenden Sachverhalten um Möglichkeiten der
(1) Innenfinanzierung, (2) Beteiligungsfinanzierung, (3) Fremdfinanzierung
handelt.

a) Ausgabe von Industrieobligationen zur Deckung eines längerfristigen Finanzbedarfs

b) Vornahme von außerplanmäßigen Abschreibungen

c) Aufnahme eines zusätzlichen Kommanditisten in eine OHG

d) Bildung von freiwilligen Gewinnrücklagen

e) Kapitalerhöhung zur Finanzierung künftiger Investitionen

f) Ausgabe von Genossenschaftsanteilen

Aufgabe 6
Das nachstehende Schaubild stellt schematisch die Beziehungen zwischen den Beteiligten im Rahmen des offenen Factoring dar.

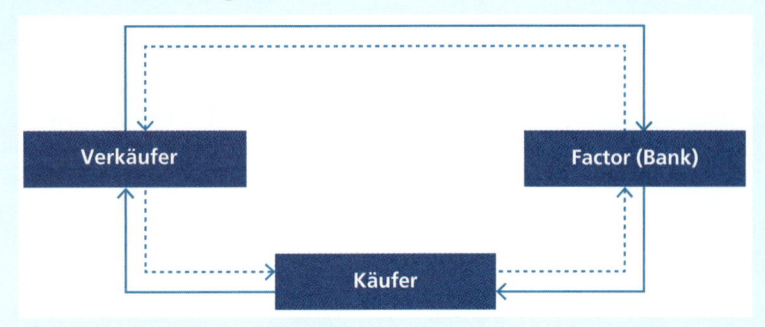

```
   Verkäufer ─────────────────── Factor (Bank)
        │                             │
        └──────── Käufer ─────────────┘
```

Bestimmen Sie durch Einsetzen der Ziffern 1 bis 6 die richtige zeitliche Reihenfolge der Tätigkeiten im Rahmen des Factoring.

Entstehen der Forderung aus dem Kaufvertrag ☐
Gutschrift des bevorschussten Forderungswertes ☐
Fälligwerden der Forderung ☐
Abschluss des Kaufvertrages ☐
Verkauf der Forderung an den Factor ☐
Zahlung des Rechnungsbetrages an den Factor ☐

Aufgabe 7
Stellen Sie fest, welche der folgenden Aussagen
(1) nur auf das Leasing,
(2) nur auf das Factoring,
(3) nur auf die Zession,
(4) sowohl auf das Factoring als auch auf die Zession,
(5) auf das Factoring, das Leasing und die Zession
zutreffen.
a) Eine Forderung wird mit Wissen des Schuldners abgetreten. ☐
b) Forderungen werden verkauft. ☐
c) Eine Forderung wird ohne Wissen des Schuldners abgetreten. ☐
d) Eine neue Fertigungsmaschine wird nicht aktiviert. ☐
e) Die Liquidität der Unternehmung wird unmittelbar erhöht. ☐
f) Es handelt sich um eine Form der Kreditsicherung. ☐
g) Die daraus folgenden Zahlungsverpflichtungen stellen in voller Höhe Aufwand dar. ☐

Aufgabe 8
Welche der nachfolgenden Aussagen betreffen
(1) die Selbstfinanzierung?
(2) die Beteiligungsfinanzierung?
(3) die Innenfinanzierung als Fremdfinanzierung?
(4) keine der genannten Finanzierungsformen?

Tragen Sie die Ziffer vor der jeweils zutreffenden Antwort in das Kästchen ein!
a) Eine Rückstellung wird aufgelöst und für eine Investition genutzt. ☐
b) Die Bank gewährt einen durch eine Grundschuld gesicherten Kredit. ☐
c) Eine Aktiengesellschaft gibt junge Aktien aus. ☐
d) Abschreibungsbeträge werden zu Refinanzierungszwecken genutzt. ☐
e) Forderungen werden an eine Factoringgesellschaft verkauft. ☐
f) Ein zusätzlicher Kommanditist wird aufgenommen. ☐
g) Aus einer Rücklage wird eine neue Anlage finanziert. ☐
h) Ein Lkw wird geleast. ☐

LERNFELD 12

Unternehmensstrategien und -projekte umsetzen

Lernsituation 22: Ziele und Zielkonflikte in der Wirtschaftspolitik

Ausgangssituation: Ein Magier „wrackt ab"!

Daniela Schaub kommt heute Morgen gut gelaunt ins Büro. Gestern hat sie sich einen neuen Kleinwagen gekauft und ihr altes Fahrzeug in Zahlung gegeben. Stolz berichtet sie Herrn Kraus von den Fahreigenschaften ihres neuen Autos.

Peter Kraus:	„Es freut mich, Daniela, dass Ihnen Ihr neues Auto so gut gefällt. Ihr altes Fahrzeug war aber auch wirklich eine Klapperkiste."
Daniela Schaub:	„Ja, das stimmt, Herr Kraus. Nun ist aber mein erspartes Geld aufgebraucht und der Urlaub wird in diesem Jahr wohl leider ausfallen."
Peter Kraus:	„Vor fast 10 Jahren, im Jahre 2009, hätten Sie sich den Urlaub noch leisten können. Da gab es eine ‚Abwrackprämie'. Jeder, der ein Altfahrzeug verschrottet und einen Neuwagen gekauft hat, bekam einen staatlichen Zuschuss."
Daniela Schaub:	„Schade, dass es das heute nicht mehr gibt. Heute schmeißt der Staat das Geld – in diesem Fall wohl leider – nicht mehr zum Fenster raus."
Peter Kraus:	„Das hat er damals auch nicht getan. Im Zuge der Weltwirtschaftskrise 2008 war die Nachfrage nach Neuwagen dramatisch eingebrochen. Das war eine wirtschaftspolitische Maßnahme, die den Zielen des Stabilitätsgesetzes, dem ‚magischen Viereck', geschuldet war. Schließlich war das gesamtwirtschaftliche Gleichgewicht deutlich gefährdet, denn unsere Wirtschaft ist 2009 um 5 % geschrumpft."
Daniela Schaub:	„Aha, Herr Kraus, was sind denn eigentlich die wirtschaftspolitischen Zielsetzungen des Stabilitätsgesetzes und was soll daran ‚magisch' sein?"

Arbeitsaufträge

1 Ordnen Sie mithilfe des Auszuges aus dem Stabilitätsgesetz die stabilitätspolitischen Ziele dem magischen Viereck zu.

§ 1 Stabilitätsgesetz (StabG)
Bund und Länder haben bei ihren wirtschafts- und finanzpolitischen Maßnahmen die Erfordernisse des gesamtwirtschaftlichen Gleichgewichts zu beachten. Die Maßnahmen sind so zu treffen, dass sie im Rahmen der marktwirtschaftlichen Ordnung gleichzeitig zur Stabilität des Preisniveaus, zu einem hohen Beschäftigungsstand und außenwirtschaftlichem Gleichgewicht bei stetigem und angemessenem Wirtschaftswachstum beitragen.

Lernsituation 22

Gesamtwirtschaftliches Gleichgewicht: Magisches Viereck

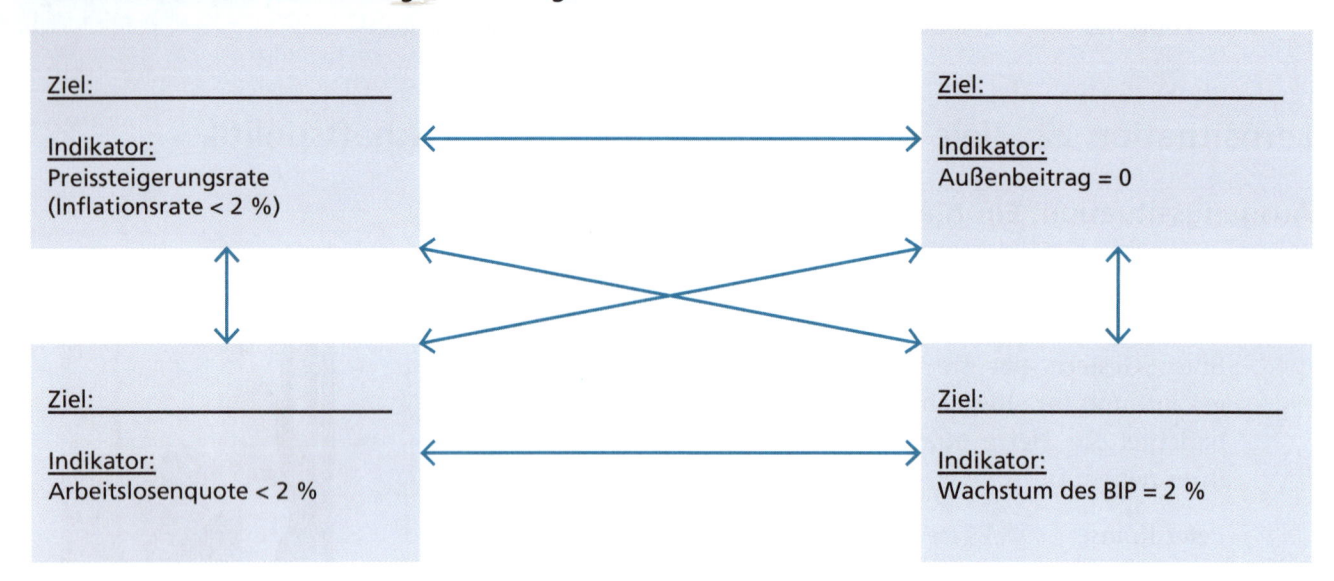

Ziel: _____	Ziel: _____
Indikator: Preissteigerungsrate (Inflationsrate < 2 %)	Indikator: Außenbeitrag = 0

Ziel: _____	Ziel: _____
Indikator: Arbeitslosenquote < 2 %	Indikator: Wachstum des BIP = 2 %

2 Wie in der Ausgangssituation deutlich wird, hat der Staat 2009 eine „Abwrackprämie" eingeführt, um das Wirtschaftswachstum zu fördern. Beim Kauf eines Neuwagens und gleichzeitiger Verschrottung eines Altautos haben Käufer einen staatlichen Zuschuss in Höhe von 2 500,00 € erhalten. Insgesamt hatte die Abwrackprämie ein Volumen von 5 Mrd. €. Erläutern Sie die Auswirkungen dieser Maßnahme auf die Beschäftigung, das außenwirtschaftliche Gleichgewicht und das Preisniveau und geben Sie an, ob es sich bei der Zielbeziehung um eine Zielharmonie, einen Zielkonflikt oder eine Zielneutralität handelt.

Wirkung auf	Zielbeziehung (kurze Erläuterung)
Beschäftigung	
Außenwirtschaftliches Gleichgewicht	
Preisniveau	

3 Diskutieren Sie die Auswirkungen der „Abwrackprämie" auf weitere wirtschaftspolitische Zielsetzungen.

4 Erklären Sie vor dem Hintergrund der Abwrackprämie, warum die Ziele des Stabilitätsgesetzes auch als „magisches Viereck" bezeichnet werden, und erläutern Sie, was den Staat letztendlich zur Einführung einer „Abwrackprämie" bewogen hat.

5 Um das gesamtwirtschaftliches Gleichgewicht herzustellen, zieht der Staat verschiedene Maßnahmen in Betracht. Erläutern Sie, wie die geplante Maßnahme auf die anderen Zielsetzungen des Stabilitätsgesetzes wirkt, und geben Sie an, ob es sich bei der Zielbeziehung um eine Zielharmonie, einen Zielkonflikt oder eine Zielneutralität handelt. Gehen Sie bei Ihren Überlegungen davon aus, dass sich die jeweils anderen Ziele zunächst im Gleichgewicht befinden.

Maßnahme	Wirkung auf	Zielbeziehung (kurze Erläuterung)
Um die hohe Arbeitslosigkeit abzubauen, legt der Staat ein Beschäftigungsprogramm auf und subventioniert Arbeitsplätze für Langzeitarbeitslose.	Wachstum	
	Außenwirtschaftliches Gleichgewicht	
	Preisniveau	
Um die hohe Arbeitslosigkeit abzubauen, fördert der Staat den Export deutscher Waren durch den Abbau von Exportbeschränkungen für Ausfuhren.	Wachstum	
	Außenwirtschaftliches Gleichgewicht	
	Preisniveau	

6 Recherchieren Sie
   a) die Preissteigerungsrate,
   b) die Arbeitslosenquote,
   c) das Bruttoinlandsprodukt und
   d) den Außenbeitrag
   für das Vorjahr und die prognostizierte Entwicklung für das aktuelle Jahr. Überprüfen Sie, ob ein gesamtwirtschaftliches Gleichgewicht erreicht wurde bzw. wird.

Lernsituation 22

7 Das magische Viereck wird zunehmend um die Ziele einer gerechten Einkommens- und Vermögensverteilung sowie um das Ziel einer nachhaltigen Entwicklung erweitert. Man spricht auch von einem magischen Fünfeck bzw. Sechseck. Für eine Volkswirtschaft liegen die folgenden Daten vor:

Erwerbstätigenstruktur in Tsd.		
	20(0)	20(+1)
Selbstständige und mithelfende Familienangehörige	3 000	3 060
Arbeiter, Angestellte und Beamte	27 000	30 940
Erwerbstätige insgesamt	30 000	34 000

Verteilung des Volkseinkommens in Mrd. €			
Jahr	Volkseinkommen		
	insgesamt	davon aus Unternehmertätigkeit und Vermögen	davon aus unselbstständiger Arbeit
20(0)	2 500	750	1 750
20(+1)	3 000	1 000	2 000

Beurteilen Sie mithilfe geeigneter Relationen die Einkommensverteilung. Gehen Sie dabei auch auf die Grenzen Ihrer Beurteilung ein.

8 Die Entwicklung des Geldvermögens der privaten Haushalte in der Bundesrepublik Deutschland können Sie der nachstehenden Abbildung entnehmen. Begründen Sie anhand historischer Ereignisse, warum das Geldvermögen in den Jahren 2002 und 2008 abgenommen hat.

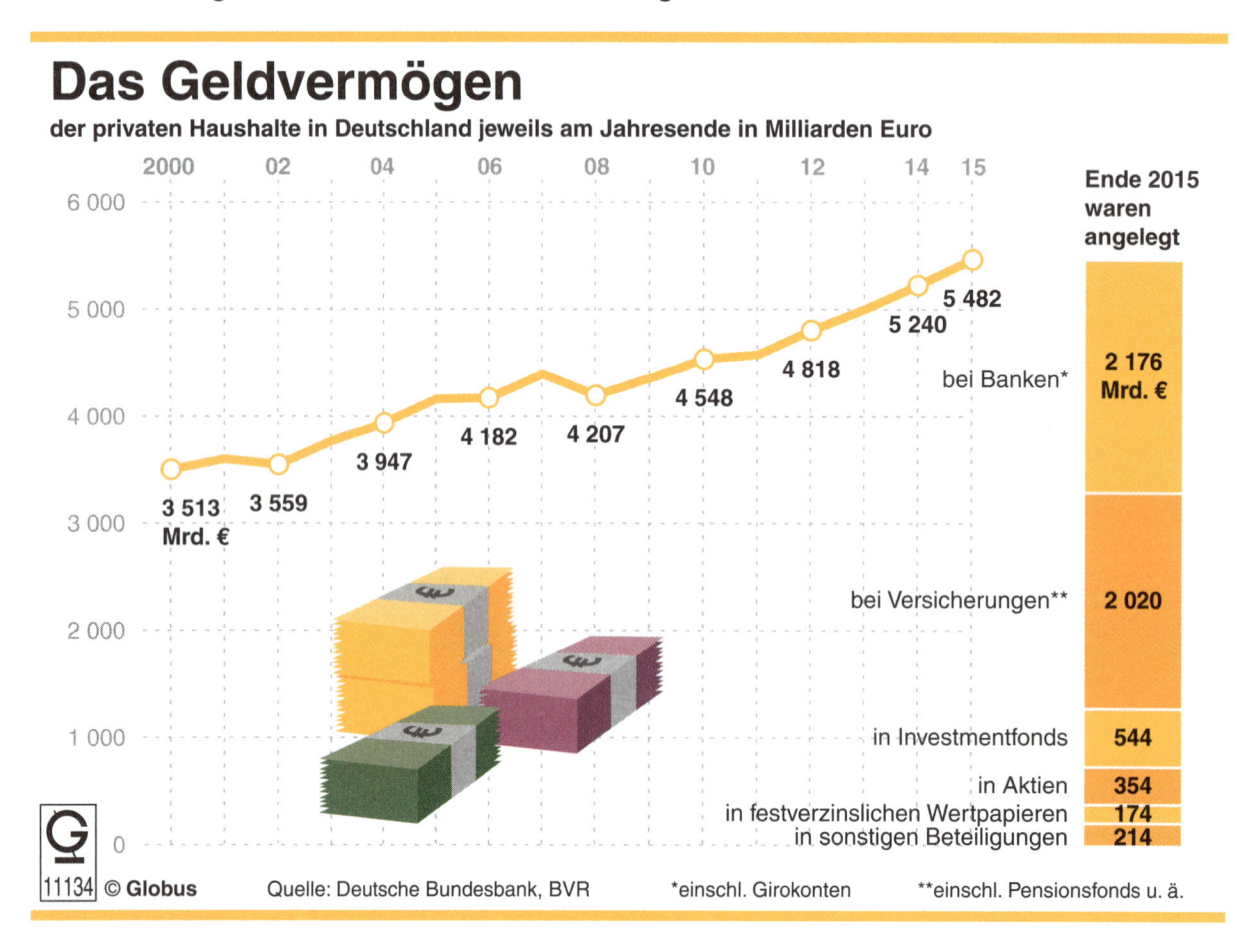

Das Geldvermögen
der privaten Haushalte in Deutschland jeweils am Jahresende in Milliarden Euro

Werte (2000–2015): 3 513 Mrd. €; 3 559; 3 947; 4 182; 4 207; 4 548; 4 818; 5 240; 5 482

Ende 2015 waren angelegt:
- bei Banken* 2 176 Mrd. €
- bei Versicherungen** 2 020
- in Investmentfonds 544
- in Aktien 354
- in festverzinslichen Wertpapieren 174
- in sonstigen Beteiligungen 214

11134 © Globus Quelle: Deutsche Bundesbank, BVR *einschl. Girokonten **einschl. Pensionsfonds u. ä.

Lernsituation 23: Stabilität des Preisniveaus

Ausgangssituation: Preisniveaustabilität – ein hehres Ziel?

Daniela Schaub ist von Hartmut Sommer gebeten worden, Herrn Kraus bei der Überarbeitung der Preislisten und der Absatzplanung für das nächste Jahr zu unterstützen. „Dafür müssen wir auch die volkswirtschaftliche Entwicklung abschätzen. Schließlich setzt sie wichtige Rahmenbedingungen für unser unternehmerisches Handeln", hat Hartmut Sommer Daniela erklärt. Als Daniela Peter Kraus' Büro betritt, ist dieser schon eifrig bei der Arbeit.

Peter Kraus:	„Super, Daniela, dass Sie mich wieder unterstützen. Als Erstes wollen wir uns heute mit der Entwicklung des Preisniveaus beschäftigen. Noch haben wir ein ziemlich konstantes Preisniveau, aber das muss ja in Zukunft nicht so bleiben."
Daniela Schaub:	„Das trifft sich ja gut, wir besprechen das Thema gerade in der Berufsschule. Jeder aus unserer Klasse hat seinen persönlichen Warenkorb erstellt und wir haben die persönliche Inflationsrate bestimmt. Da gab es im Übrigen erhebliche Differenzen. Außerdem haben Sie mir schon erklärt, dass das Ansteigen des Preisniveaus nichts anderes als Inflation bedeutet."
Peter Kraus:	„Genau, Daniela. Wie Sie sicherlich wissen, wird das Preisniveau durch verschiedene Faktoren bestimmt und die sollten wir genau analysieren."
Daniela Schaub:	„Okay, Herr Kraus, aber ehrlich gesagt verstehe ich nicht, warum die Preisniveauentwicklung für die Sommerfeld Bürosysteme GmbH von so wichtiger Bedeutung ist. Der Inflation wird viel zu viel Beachtung geschenkt."
Peter Kraus:	„Das ist eigentlich ganz einfach, Daniela. Überlegen Sie doch einmal, was Inflation für unsere Preiskalkulation bedeutet. Außerdem hat Inflation auch eine Reihe anderer negativer Folgen für die Gesellschaft, aber auch für Sie persönlich."

Arbeitsaufträge

1 Von der Sommerfeld Bürosysteme GmbH wurde ein Warenkorb entwickelt, der aufgrund von statistischen Untersuchungen die Preisentwicklung für den Einsatz der Produktionsfaktoren annähernd genau abbildet. Die Preisniveaus der einzelnen Jahre für die Lohn-, Material- und Energiekosten wurde dabei in Relation zum Basisjahr gesetzt.

	Anteil	Preisniveau Jahr 20(0) (Basisjahr)	Preisniveau Jahr 20(+1)	Preisniveau Jahr 20(+2) (Berichtsjahr)
Lohnkosten	0,4	100,00 %	102,00 %	105,00 %
Materialkosten	0,4	100,00 %	101,00 %	102,00 %
Energiekosten	0,2	100,00 %	104,00 %	106,00 %
Preisindex	---	100,00 %		
Preissteigerung gegenüber Vorjahr	---	---		

a) Berechnen Sie unter Beachtung der jeweiligen Anteile den Preisindex für die Jahre 20(+1) und 20(+2) und geben Sie Preissteigerung gegenüber dem Vorjahr an.
b) Ermitteln Sie die Kaufkraft des Berichtsjahres im Vergleich zum Basisjahr.
c) Interpretieren Sie Ihre Ergebnisse und die Voraussetzungen Ihrer Berechnung.

2 Das statistische Bundesamt weist in der amtlichen Statistik den Verbraucherpreisindex (VPI) aus. Beschreiben Sie die Aussagekraft des VPI und erläutern Sie, warum der VPI nur bedingt zur Inflationsmessung für die Sommerfeld Bürosysteme GmbH geeignet ist.

3 Peter Kraus zeigt sich erfreut über die Preisentwicklung. Die Preissteigerungsrate ist nahezu konstant und bewegt sich auf einem akzeptablen Niveau. Er denkt: „Wenn sich die Entwicklung so fortsetzt, dann bin ich unbesorgt. Anscheinend genießt unsere Währung nach wie vor höchstes Vertrauen. Geld behält also seine Funktionen." Erläutern Sie die Funktionen des Geldes und finden Sie für jede Funktion ein Beispiel.

4 Herr Kraus erklärt Daniela: „Bisher haben wir nur die Vergangenheit analysiert. Sie erlaubt zwar Rückschlüsse auf die Zukunft, aber eine solche Analyse ist natürlich nicht ausreichend. Wir müssen auch in die Zukunft schauen" Er legt Daniela folgenden Zeitungsartikel vor, in dem von einem Experten zur Entwicklung des Preisniveaus Stellung genommen wird.

Inflation – Schon bald Realität?

Interview des Essener Wirtschaftsanzeigers mit dem Wirtschaftswissenschaftler Franz Bofuß

Wirtschaftsanzeiger: Einige Wirtschaftswissenschaftler befürchten, dass bald eine Inflation ins Haus steht. Teilen Sie diese Einschätzung?

Franz Bofuß: Ich bin da eher beruhigt, allerdings sind einige Gefahren nicht von der Hand zu weisen.

Wirtschaftsanzeiger: Worauf stützen Sie Ihre Einschätzung?

Franz Bofuß: Betrachtet man die nichtmonetären Faktoren, so sehe ich im Moment nur geringe Gefahren für eine Inflation. Das Konsumklima der privaten Haushalte ist im Moment ziemlich stabil, wenn auch auf schwachem Niveau. Auch dürfte die aktuelle Unsicherheit bezüglich der wirtschaftlichen Lage die Unternehmen kaum zur Ausweitung ihrer Investitionen veranlassen. Da die Staatskassen leer sind, wird auch der Staat nicht über eine weitere Staatsverschuldung für Preisniveauauftrieb sorgen. Allerdings begünstigen höhere Inflationsraten in anderen Euro-Ländern die inländische Nachfrage.

Wirtschaftsanzeiger: In den letzten Jahren haben die Gewerkschaften eher moderate Lohnsteigerungen durchsetzen können. Wie beurteilen Sie die angebotsseitigen Faktoren?

Franz Bofuß: Richtig, wenn die Gewerkschaften weiterhin eine moderate Lohnpolitik betreiben, sehe ich nicht die Gefahr einer Lohn-Preis-Spirale. Wenn man sich die Einkommensverteilung in Deutschland anschaut, kommt eher der Verdacht auf, dass die Gewinne der Unternehmen ein Inflationstreiber waren. Aber auch die Gefahr einer Preis-Lohn-Spirale sehe ich nicht.

Wirtschaftsanzeiger: Sehen Sie die aktuelle Entwicklung auf den Rohstoffmärkten mit Besorgnis?

Franz Bofuß:	Die Entwicklung auf den Rohstoffmärkten vorauszusagen ist natürlich enorm schwierig. Meiner Einschätzung nach sind aber die Preise schon so hoch, dass ich hier eher von stagnierenden Preisen ausgehe.
Wirtschaftsanzeiger:	Vielerorts wird die Geldpolitik der EZB kritisiert. Teilen Sie diese Einschätzung?
Franz Bofuß:	Nun, sicherlich ist die Wirtschaft im Moment gut mit Geld versorgt. Die Geldmenge bewegt sich aber noch im akzeptablen Bereich bei konstanter Geldumlaufgeschwindigkeit. Allenfalls drohen hier langfristig die größten Inflationsgefahren. Ich gehe allerdings davon aus, dass es der EZB gelingen wird, die geldpolitischen Zügel zu straffen, wenn es zu höheren Inflationsraten kommt. Schließlich ist es die oberste Zielsetzung der EZB, für Geldwertstabilität zu sorgen.
Wirtschaftsanzeiger:	Wie lautet Ihr Fazit?
Franz Bofuß:	Betrachtet man sämtliche monetären und nichtmonetären Faktoren, gehe ich weiterhin von einer moderaten Preisentwicklung aus. Einzig bezüglich des Geldmengenwachstums besteht Unsicherheit. Hier vertraue ich auf die EZB.
Wirtschaftsanzeiger:	Wir danken Ihnen für Ihre Einschätzung, Herr Bofuß.

(Fiktives Interview)

a) Erläutern Sie anhand des Zeitungsartikels, welche Auswirkungen von
- nichtmonetären (Angebot und Nachfrage) und
- monetären Faktoren

auf das Preisniveau ausgehen. Belegen Sie Ihre Behauptungen mithilfe von geeigneten Modellen.

b) Begründen Sie, mit welcher ungefähren Inflationsrate Sie als leitender Mitarbeiter der Sommerfeld Bürosysteme GmbH aufgrund der vorgenommenen Analyse für das nächste Jahr rechnen würden. Erläutern Sie Möglichkeiten, wie Sie Ihre Analyse absichern können.

5 Daniela Schaub behauptet, dass der Inflation zu viel Beachtung geschenkt wird. Nehmen Sie Stellung.

Ergänzende Übungen

1 Marvin Wimmer, ein Mitschüler von Daniela Schaub, behauptet: „Wenn Inflation so etwas Schlechtes ist, dann muss das Gegenteil, also die Deflation, wohl etwas Gutes sein." Begründen Sie, ob Marvin Wimmer mit seiner Behauptung recht hat.

2 Im April 2017 betrug die Inflationsrate in Deutschland 2,0 %. Der Zinssatz für Spareinlagen betrug 0,0 %. Erläutern Sie, welche Konsequenzen diese Situation für Sparer hatte.

3 Die Preise sind in Deutschland im Jahr 20(1) um 2,3 % und im Jahr 20(2) um 2 % gestiegen. Peter Kraus hat sein Einkommen in 20(1) um 3 % und im Jahr 20(2) um 3,5 % steigern können. Berechnen Sie die Veränderung des Realeinkommens von Peter Kraus.

4 Erläutern Sie, ob die folgenden Sachverhalte (unter sonst gleichen Bedingungen)
   1. eine inflatorische,
   2. eine deflatorische,
   3. weder eine inflatorische noch deflatorische

Wirkung haben.

a) Der Staat schränkt bei vollbeschäftigter Wirtschaft seine Ausgaben drastisch ein.

b) Die Geldpolitik der EZB führt zu einer unterproportionalen Ausweitung der Geldmenge gegenüber der umgesetzten Gütermenge.
c) Der Staat führt die degressive Abschreibung für Unternehmen wieder ein.
d) In Zeiten hoher Arbeitslosigkeit begnügen sich die Gewerkschaften mit Lohnerhöhungen gemäß dem Produktivitätszuwachs.
e) Das Preisniveau im Ausland entspricht bei konstanten Wechselkursen dem Preisniveau im Inland.
f) Viele ausländische Staaten, mit denen das Inland Wirtschaftsbeziehungen unterhält, erhöhen aufgrund der hohen Jungendarbeitslosigkeit die Importzölle.

Lernsituation 24: Hoher Beschäftigungsstand

Ausgangssituation: Arbeitslosigkeit – das geht jeden an!

Nach ihren ersten volkswirtschaftlichen Analysen treffen sich Daniela Schaub und Peter Kraus erneut, um weitere volkswirtschaftliche Faktoren unter die Lupe zu nehmen. Heute wollen sie sich mit dem Arbeitsmarkt beschäftigen.

Peter Kraus: „Zuerst einmal geht uns der Arbeitsmarkt, vor allem das Phänomen ‚Arbeitslosigkeit', natürlich alle an. Wenn wir Pech haben, sind wir selbst oder Familienangehörige irgendwann mal direkt betroffen. Aber auch für Unternehmen oder die Gesellschaft hat Arbeitslosigkeit fatale Folgen. Wir haben in Deutschland immer noch eine hohe Arbeitslosigkeit, in der Region Essen ist sie sogar noch höher. In Essen stehen 36 000 Arbeitslose 250 000 zivilen Erwerbstätigen gegenüber. Es gibt in Essen 3 000 offene Stellen."

Daniela Schaub: „Natürlich kenne ich auch einige Menschen in meinem Umfeld, die aus unterschiedlichen Gründen arbeitslos sind, aber was hat nun Arbeitslosigkeit mit der Sommerfeld Bürosysteme GmbH zu tun?"

Arbeitsaufträge

1 Arbeitslosigkeit hat viele negative Folgen für das Individuum, für Unternehmen und für die Gesellschaft. Tragen Sie mögliche Folgen in der nachstehenden Tabelle zusammen.

Folgen der Arbeitslosigkeit		
Individuum	Unternehmen	Gesellschaft

2 Die wichtigsten Absatzregionen der Sommerfeld Bürosysteme GmbH sind Essen, Nordrhein-Westfalen und Deutschland. Für die Regionen gelten folgende Zahlen:

	Essen	NRW	Deutschland
Zivile Erwerbstätige	250 000	8 630 000	41 500 000
Registrierte Arbeitslose	36 000	720 000	2 650 000
Zivile Erwerbspersonen			
Arbeitslosenquote			
Offene Stellen	4 000	130 000	660 000

a) Berechnen Sie die Zahl der Erwerbspersonen und die Arbeitslosenquote.
b) Beurteilen Sie die Lage auf dem jeweiligen Arbeitsmarkt.
c) Neben der Arbeitslosenquote weist die Bundesagentur für Arbeit auch eine Unterbeschäftigtenquote aus. Nennen Sie zwei Beispiele für Menschen, die zwar nicht arbeitslos, aber unterbeschäftigt sind.
d) Von der Statistik nicht erfasst wird die sogenannte „stille Reserve". Nennen Sie zwei Beispiele für Personengruppen, die zur stillen Reserve zählen.

3 Auch einige Menschen aus Daniela Schaubs Verwandtschaft und aus dem Freundeskreis sind arbeitslos. Neben zu hohen Reallöhnen kann Arbeitslosigkeit weitere Ursachen haben. Benennen Sie die Art der Arbeitslosigkeit und beschreiben Sie diese kurz.

	Art der Arbeitslosigkeit	Beschreibung der Arbeitslosigkeit
Fall 1 Danielas Tante Jutta war über 20 Jahre in der Bekleidungsindustrie tätig. Sie ist entlassen worden, weil ihr Unternehmen jetzt in Indien nähen lässt.		
Fall 2 Janine, Danielas beste Freundin, hat sich nach Beendigung der Ausbildung, Ende Januar, für einen neuen Arbeitgeber entschieden. Im März tritt sie eine neue Stelle an.		
Fall 3 Danielas Onkel ist aufgrund der allgemein schlechten wirtschaftlichen Lage entlassen worden. Die Nachfrage ist um 5 % eingebrochen.		
Fall 4 Mike, ein Freund aus Danielas Bundesligatippclub, ist Dachdecker. Im Winter ist er sehr häufig von Arbeitslosigkeit bedroht.		

4 Arbeitslosigkeit wird je nach Ursache mit unterschiedlichen Instrumenten bekämpft. Neben den Instrumenten der Struktur-, Fiskal- und Geldpolitik kommt der aktiven und passiven Arbeitsmarktpolitik eine besondere Bedeutung zu. Beschreiben Sie kurz, was man unter aktiver und passiver Arbeitsmarktpolitik versteht, und nennen Sie Beispiele.

	Aktive Arbeitsmarktpolitik	Passive Arbeitsmarktpolitik
Beschreibung		
Beispiele		

5 Schlagen Sie für die Fälle 1 bis 4 der Aufgabe 3 geeignete Maßnahmen zur Bekämpfung der Arbeitslosigkeit vor.

Ergänzende Übungen

1 Langfristig wird in Deutschland aufgrund der Überalterung der Bevölkerung ein Arbeitskräftemangel erwartet. Erläutern Sie Möglichkeiten, wie dieser Überbeschäftigung begegnet werden kann.

2 Begründen Sie, ob ein Ansteigen der Erwerbsquote ein Ansteigen der Arbeitslosenquote verursachen kann.

3 Es liegen folgende Daten über die Zivilbevölkerung einer Volkswirtschaft vor:

Bevölkerung	Erwerbspersonen	Erwerbstätige
53 500 000	29 200 000	28 300 000

Ermitteln Sie die Erwerbsquote der Zivilbevölkerung sowie die Arbeitslosenquote.

Lernsituation 25: Außenwirtschaftliches Gleichgewicht

Ausgangssituation: Zahlungsbilanz und Wechselkurs – zwei Seiten einer Medaille?

Gespannt betritt Daniela Schaub das Büro von Herrn Kraus. Heute soll sie ihn bei der Analyse der außenwirtschaftlichen Beziehungen Deutschlands unterstützen. „Guten Morgen, Daniela", begrüßt sie Herr Kraus, „ich habe Ihnen schon mal die deutsche Zahlungsbilanz für das letzte Jahr herausgelegt. Wir wollen zunächst mal schauen, wie sich die außenwirtschaftlichen Beziehungen entwickelt haben." Daniela entgegnet mit Blick auf die Zahlungsbilanz: „Mal ehrlich, Herr Kraus, Sie wollen aus mir wohl eine Volkswirtin machen. Schon wieder so ein Rechenwerk, das keiner versteht. Ich will schließlich nicht Außenministerin unseres Landes werden." Herr Kraus erwidert lächelnd: „Da bin ich aber beruhigt, Daniela. Mal im Ernst, natürlich müssen wir unsere außenwirtschaftlichen Beziehungen analysieren. Schließlich müssen wir feststellen, wie gefragt deutsche Produkte im Ausland sind. Die außenwirtschaftlichen Beziehungen schlagen sich natürlich auch im Wechselkurs nieder. Ob der Euro auf- oder abwertet, spielt natürlich für unsere Wettbewerbssituation im Ausland eine entscheidende Rolle." Daniela antwortet nachdenklich: „Aha, gestern habe ich eine Diskussion im Fernsehen verfolgt. Da hat ein Teilnehmer behauptet, dass Deutschland als stärkste Exportnation Europas am meisten vom Euro profitiere. Hätte Deutschland den Euro nicht, wäre die deutsche Währung schon mehrfach aufgewertet worden. Können Sie mir diesen Zusammenhang mal erklären?"

Wichtige Posten der Zahlungsbilanz

Mrd €

Position	2013 r)	2014 r)	2015 r)
I. Leistungsbilanz	+ 190,4	+ 212,9	+ 257,0
1. Warenhandel [1]	+ 211,6	+ 226,5	+ 263,0
Ausfuhr (fob)	1 079,8	1 114,8	1 179,6
Einfuhr (fob)	868,2	888,3	916,6
nachrichtlich:			
Außenhandel [2]	+ 197,6	+ 213,6	+ 247,7
Ausfuhr (fob)	1 088,0	1 123,7	1 195,9
Einfuhr (cif)	890,4	910,1	948,2
2. Dienstleistungen [3]	– 43,2	– 35,4	– 30,2
darunter:			
Reiseverkehr	– 37,7	– 37,7	– 35,6
3. Primäreinkommen	+ 65,8	+ 62,4	+ 63,7
darunter:			
Vermögenseinkommen	+ 64,0	+ 61,3	+ 63,4
4. Sekundäreinkommen	– 43,8	– 40,7	– 39,5
II. Vermögensänderungsbilanz	– 0,6	+ 1,1	– 0,2
III. Saldo der Kapitalbilanz [4]	+ 218,9	+ 244,4	+ 232,2
1. Direktinvestitionen	+ 21,6	+ 79,4	+ 56,4
2. Wertpapieranlagen	+ 160,5	+ 137,4	+ 199,1
3. Finanzderivate [5]	+ 23,9	+ 31,8	+ 25,8
4. Übriger Kapitalverkehr [6]	+ 11,9	– 1,6	– 47,0
5. Währungsreserven [7]	+ 0,8	– 2,6	2,2
IV. Statistisch nicht aufgliederbare Transaktionen [8]	+ 29,1	+ 30,4	– 24,7

1 Ohne Fracht- und Versicherungskosten des Außenhandels. 2 Spezialhandel nach der amtlichen Außenhandelsstatistik (Quelle: Statistisches Bundesamt). 3 Einschl. Fracht- und Versicherungskosten des Außenhandels. 4 Zunahme an Netto-Auslandsvermögen: + / Abnahme an Netto-Auslandsvermögen: –. 5 Saldo der Transaktionen aus Optionen und Finanztermingeschäften sowie Mitarbeiteraktienoptionen. 6 Enthält insbesondere Finanz- und Handelskredite sowie Bargeld und Einlagen. 7 Ohne Zuteilung von Sonderziehungsrechten und bewertungsbedingte Änderungen. 8 Statistischer Restposten, der die Differenz zwischen dem Saldo der Kapitalbilanz und den Salden der Leistungs- sowie der Vermögensänderungsbilanz abbildet.
Deutsche Bundesbank

Quelle: Deutsche Bundesbank, Monatsbericht März 2016, 68. Jahrgang, Nr. 3, Frankfurt a. M. 2016, S. 50

Arbeitsaufträge

1 Beschreiben Sie die einzelnen Positionen der Zahlungsbilanz Deutschlands für das Jahr 2015 und interpretieren Sie die jeweiligen Salden.

2 Stellen Sie einen Zusammenhang zwischen der Leistungsbilanz und der Kapitalbilanz her und analysieren Sie die außenwirtschaftliche Situation Deutschlands.

3 Der Euro ist eine frei handelbare Währung. Erklären Sie, wie sich der Wechselkurs des Euro bildet.

4 Erläutern Sie, welche Auswirkung die Leistungsbilanz Deutschlands auf den Wechselkurs des Euro hat, und stellen Sie die Auswirkungen in einem Preis-Mengen-Diagramm skizzenhaft dar.

5 Bei der Einführung des Euro wurden die nationalen Währungen in einem festen Verhältnis zum Euro umgetauscht. Damit gleicht der Euro – zwischen den am Euro teilnehmenden Ländern – einem System fester Wechselkurse. Die einzelnen Länder haben aufgrund der einheitlichen Währung keine Auf- und Abwertungsmöglichkeiten.
   a) Erläutern Sie, welche Probleme sich tendenziell für Länder mit anhaltenden Leistungsbilanzdefiziten ergeben, wenn andere Länder wie Deutschland hohe Leistungsbilanzüberschüsse aufweisen.
   b) Deutschland hat traditionell hohe Leistungsbilanzüberschüsse. Begründen Sie anhand des Zusammenhanges zwischen der Leistungsbilanz und dem Wechselkurs, warum die deutsche Exportwirtschaft vom Euro profitiert.

Ergänzende Übungen

1 Die Zahlungsbilanz gibt Auskunft über die wertmäßigen außenwirtschaftlichen Beziehungen eines Landes. Erklären Sie, in welcher Teilbilanz und mit welchem Vorzeichen die folgenden Vorgänge erfasst werden.
   a) Daniela Schaub verbringt ihren Urlaub auf Mallorca.
   b) Deutschland leistet Zahlungen an die Europäische Union.
   c) Ein Scheich aus Saudi-Arabien erwirbt ein deutsches Unternehmen.
   d) Die Sommerfeld Bürosysteme GmbH gewährt einem französischen Großhändler einen Lieferantenkredit.
   e) Die Goldreserven der Zentralbank nehmen ab.

2 Die dänische Krone (DKK) nimmt am Wechselkursmechanismus II (WKM II) teil. Sie ist damit in ihrem Wert an den Euro gebunden. Der Wechselkurs bewegt sich innerhalb einer Bandbreite von +/- 2,25 % zum Euro.

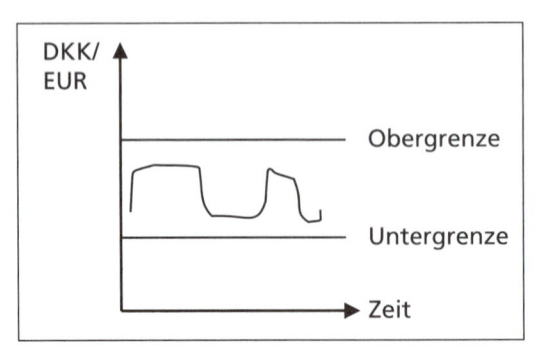

Erläutern Sie, wie die dänische Zentralbank und die EZB bei Erreichen der oberen oder der unteren Grenze am Devisenmarkt agieren werden.

3 In den Nachrichten wird folgende Meldung verkündet: „Der US-Dollar befindet sich auf Talfahrt. Zu Monatsbeginn notierte der Euro bei 1,4140 USD. Daraufhin hat die EZB mit massiven Stützungskäufen eingriffen, um einen weiteren Kursverfall des US-Dollars gegenüber dem Euro zu verhindern." Begründen Sie, welche der beiden Abbildungen das Eingreifen der EZB unter sonst gleichen Bedingungen treffend wiedergibt.

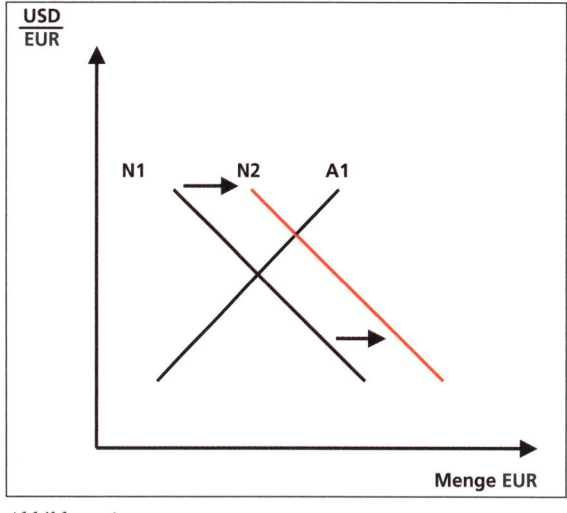

Abbildung 1

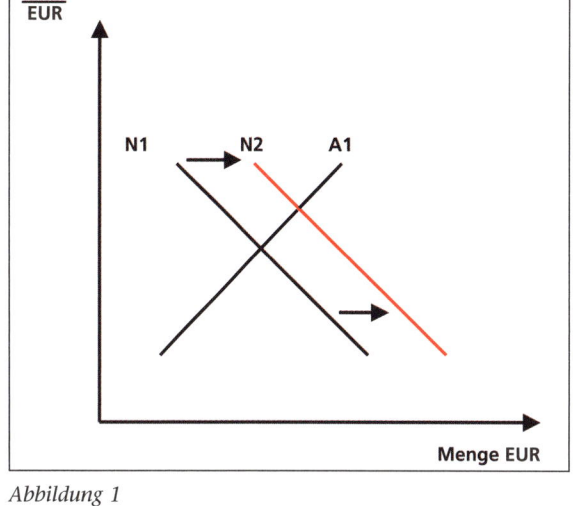

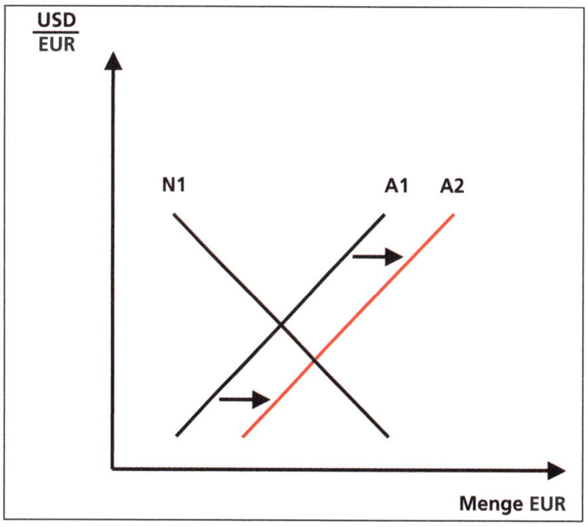

Abbildung 2

Lernsituation 26: Stetiges und angemessenes Wirtschaftswachstum

Ausgangssituation: Wie geht's uns eigentlich?

Herr Kraus war mit dem letzten Geschäftsjahr der Sommerfeld Bürosysteme GmbH nicht gänzlich zufrieden. Zwar hat sich die Sommerfeld Bürosysteme GmbH besser entwickelt als die Branche, jedoch konnten die angestrebten Wachstumsraten nicht erreicht werden. Er bittet deshalb Daniela Schaub zu sich, um zu analysieren, wie sich die Situation für Deutschland insgesamt darstellt.

Peter Kraus: „Hallo Daniela, heute wollen wir uns mit dem Wachstum des Bruttoinlandsproduktes in Deutschland beschäftigen."

Daniela Schaub: „Das ist endlich mal ein Thema, womit ich mich auskenne. Denn schließlich haben Sie mir seinerzeit schon viel über das Bruttoinlandsprodukt erklärt. Auch in der Berufsschule haben wir neulich dieses Thema behandelt."

Peter Kraus: „Es freut mich, Daniela, dass Sie noch einiges behalten haben. Ich habe Ihnen schon die neuesten Zahlen aus dem Monatsbericht der Deutschen Bundesbank herausgesucht. Die Nachrichten waren in der letzten Zeit nicht berauschend. Ich befürchte, dass die Wirtschaft nicht besonders gewachsen ist. Da sollte die Politik endlich mal tätig werden und die Rahmenbedingungen für das Wirtschaftswachstum verbessern. Denn ausbleibendes Wirtschaftswachstum gefährdet unser aller Wohlstand."

Daniela Schaub: „Da haben Sie sicher recht, Herr Kraus. Aber Wachstum um jeden Preis ist auch nicht alles. Schließlich habe ich hoffentlich noch einige Jahre vor mir. Und überhaupt ist mir dieser Wohlstandsbegriff zu eindimensional!"

Konjunkturlage in Deutschland: Entstehung und Verwendung des Inlandsprodukts, Verteilung des Volkseinkommens

Position	2010	2011	2012	2010	2011	2012	2011 2.Vj.	2011 3.Vj.	2011 4.Vj.	2012 1.Vj.	2012 2.Vj.	2012 3.Vj.	2012 4.Vj.
	Index 2005 = 100			Veränderung gegen Vorjahr in %									
Preisbereinigt, verkettet													
I. Entstehung des Inlandsprodukts													
Produzierendes Gewerbe (ohne Baugewerbe)	104,9	111,4	110,6	15,8	6,2	– 0,7	7,2	6,1	0,7	1,1	– 0,8	– 1,6	– 1,5
Baugewerbe	99,0	103,6	101,1	6,9	4,6	– 2,5	1,4	1,4	6,7	0,8	– 3,0	– 2,4	– 5,1
Handel, Verkehr, Gastgewerbe	110,6	114,0	114,9	1,7	3,1	0,8	3,0	2,4	1,8	2,7	1,0	– 0,4	– 0,0
Information und Kommunikation	135,7	138,2	143,1	– 0,2	1,9	3,5	1,8	2,1	1,9	3,4	2,7	3,8	4,2
Erbringung von Finanz- und Versicherungsdienstleistungen	115,5	117,1	119,1	1,4	1,4	1,7	– 0,0	3,4	1,4	2,0	2,1	1,9	0,8
Grundstücks- und Wohnungswesen	105,3	105,9	107,8	– 1,7	0,6	1,8	0,8	0,5	1,1	1,7	1,7	1,9	2,0
Unternehmensdienstleister [1]	100,8	105,0	108,1	2,6	4,2	2,9	4,6	3,7	3,4	4,1	3,1	2,8	1,7
Öffentliche Dienstleister, Erziehung und Gesundheit	108,5	109,5	110,4	1,7	0,9	0,8	1,0	0,8	1,1	0,9	0,9	1,0	0,5
Sonstige Dienstleister	104,0	103,5	104,3	– 0,5	– 0,5	0,8	– 0,9	– 0,7	0,3	1,1	0,9	1,2	0,0
Bruttowertschöpfung	107,7	110,9	111,7	4,6	3,0	0,7	3,1	2,7	1,4	1,8	0,7	0,4	0,1
Bruttoinlandsprodukt [2]	107,0	110,2	110,9	4,2	3,0	0,7	3,1	2,6	1,4	1,7	0,5	0,4	0,1
II. Verwendung des Inlandsprodukts													
Private Konsumausgaben [3]	103,2	104,9	105,6	0,9	1,7	0,6	1,8	2,1	0,9	1,7	0,6	– 0,3	0,6
Konsumausgaben des Staates	110,6	111,7	113,3	1,7	1,0	1,4	1,8	0,9	1,3	1,9	0,9	1,4	1,4
Ausrüstungen	108,5	116,1	110,5	10,3	7,0	– 4,8	8,0	5,6	2,3	2,4	– 3,8	– 7,2	– 9,3
Bauten	104,2	110,3	108,6	3,2	5,8	– 1,5	3,0	2,5	6,5	0,1	– 2,2	– 1,0	– 2,6
Sonstige Anlagen [4]	124,6	129,5	133,5	3,3	3,9	3,2	3,5	3,6	4,7	2,6	3,6	3,5	2,9
Vorratsveränderungen [5] [6]	.	.	.	0,6	0,2	– 0,5	0,3	0,4	0,1	– 0,2	– 0,9	– 0,6	– 0,3
Inländische Verwendung	106,0	108,8	108,4	2,6	2,6	– 0,4	2,7	2,6	1,7	1,4	– 0,9	– 1,2	– 0,7
Außenbeitrag [6]	.	.	.	1,7	0,6	1,0	0,5	0,1	– 0,3	0,4	1,4	1,6	0,8
Exporte	124,5	134,2	139,1	13,7	7,8	3,7	6,7	7,3	3,9	3,5	5,0	4,2	2,0
Importe	124,6	133,8	136,3	11,1	7,4	1,8	6,5	7,9	5,1	3,2	2,5	1,2	0,5
Bruttoinlandsprodukt [2]	107,0	110,2	110,9	4,2	3,0	0,7	3,1	2,6	1,4	1,7	0,5	0,4	0,1
In jeweiligen Preisen (Mrd €)													
III. Verwendung des Inlandsprodukts													
Private Konsumausgaben [3]	1 433,2	1 487,7	1 521,6	3,0	3,8	2,3	4,0	4,0	2,9	3,6	2,0	1,4	2,2
Konsumausgaben des Staates	487,6	499,8	515,4	2,6	2,5	3,1	3,5	2,3	2,7	3,3	2,5	3,2	3,5
Ausrüstungen	170,8	183,2	175,0	10,3	7,3	– 4,5	8,1	5,9	2,6	2,8	– 3,8	– 6,9	– 9,0
Bauten	236,8	258,1	260,5	4,4	9,0	0,9	5,9	5,6	10,1	2,9	0,2	1,3	– 0,3
Sonstige Anlagen [4]	27,6	28,5	29,2	2,8	3,3	2,4	3,3	3,1	3,6	2,4	2,5	2,5	2,3
Vorratsveränderungen [5]	1,3	3,7	– 9,4	.	.	.	.	.	.	.	.	.	.
Inländische Verwendung	2 357,3	2 460,9	2 492,3	4,4	4,4	1,3	4,7	4,3	3,5	3,1	0,5	0,5	1,0
Außenbeitrag	138,9	131,7	151,6	.	.	.	.	.	.	.	.	.	.
Exporte	1 173,3	1 300,8	1 362,6	16,6	10,9	4,7	10,1	9,5	5,7	4,8	6,2	5,3	2,8
Importe	1 034,4	1 169,2	1 211,0	16,3	13,0	3,6	12,4	11,9	8,9	5,6	4,2	2,9	1,8
Bruttoinlandsprodukt [2]	2 496,2	2 592,6	2 643,9	5,1	3,9	2,0	4,1	3,5	2,2	2,9	1,7	1,8	1,6
IV. Preise (2005 = 100)													
Privater Konsum	106,3	108,5	110,3	2,0	2,1	1,6	2,2	1,9	2,0	1,8	1,4	1,7	1,6
Bruttoinlandsprodukt	104,9	105,8	107,1	0,9	0,8	1,3	0,9	0,9	0,8	1,2	1,2	1,4	1,5
Terms of Trade	99,2	97,0	96,3	– 2,1	– 2,2	– 0,7	– 2,3	– 1,6	– 1,9	– 1,0	– 0,5	– 0,7	– 0,5
V. Verteilung des Volkseinkommens													
Arbeitnehmerentgelt	1 271,0	1 328,0	1 377,3	3,0	4,5	3,7	5,1	4,3	3,9	3,7	3,8	3,8	3,5
Unternehmens- und Vermögenseinkommen	648,3	656,7	644,0	12,0	1,3	– 1,9	– 0,7	2,3	– 3,4	2,3	0,4	– 3,2	– 7,4
Volkseinkommen	1 919,3	1 984,6	2 021,3	5,9	3,4	1,8	3,2	3,6	1,7	3,2	2,7	1,3	0,3
Nachr.: Bruttonationaleinkommen	2 546,7	2 640,9	2 695,3	4,7	3,7	2,1	3,5	3,7	2,1	3,1	2,6	1,6	1,0

Quelle: Statistisches Bundesamt; Rechenstand: Februar 2013. **1** Erbringung von freiberuflichen, wissenschaftlichen, technischen und sonstigen wirtschaftlichen Dienstleistungen. **2** Bruttowertschöpfung zuzüglich Gütersteuern (saldiert mit Gütersubventionen). **3** Einschl. Private Organisationen ohne Erwerbszweck. **4** Immaterielle Anlageinvestitionen (u. a. EDV-Software, Urheberrechte) sowie Nutztiere und -pflanzen. **5** Einschl. Nettozugang an Wertsachen. **6** Wachstumsbeitrag zum BIP.

Quelle: Deutsche Bundesbank, Monatsbericht März 2016, 68. Jahrgang, Nr. 3, Frankfurt a. M. 2016, S. 65 (Statistischer Teil)

Arbeitsaufträge

Hinweis: Nutzen Sie zur Beantwortung der Arbeitsaufträge 1, 2 und 6 die Statistik zur „Konjunkturlage in Deutschland".

1 Geben Sie für das Jahr 2015 das nominale Bruttoinlandsprodukt in Euro sowie die Wachstumsrate des realen Bruttoinlandsproduktes in Prozent an und unterscheiden Sie zwischen nominalem und realem Bruttoinlandsprodukt.

2 Herr Kraus möchte das Bruttoinlandsprodukt differenzierter aus der Perspektive der Sommerfeld Bürosysteme GmbH betrachten. Erläutern Sie, unter welchen Positionen sich die Sommerfeld Bürosysteme GmbH sowie deren Produkte in der Entstehungs- und Verwendungsrechnung wiederfinden, und erklären Sie, wie sich die Positionen in den Jahren 2013 bis 2015 preisbereinigt, d. h. real, entwickelt haben.

3 Herr Kraus ist besorgt über die Entwicklung des Bruttoinlandsproduktes im produzierenden Gewerbe sowie des Bruttoinlandsproduktes insgesamt. Er stellt folgende These auf: „Nur eine wachsende Wirtschaft kann ihre vielfältigen Aufgaben bewerkstelligen." Stützen Sie seine These mit Argumenten und belegen Sie Ihre Argumente mit Beispielen.

4 Legen Sie dar, wie der Staat durch gezielte Wachstumspolitik die Entwicklung der Wirtschaft fördern kann.

5 Daniela Schaub steht der Messung des Wohlstandes einer Volkswirtschaft allein durch das Bruttoinlandsprodukt kritisch gegenüber. Ihrer Meinung nach müsse Wachstum zum einen nachhaltig sein, zum anderen trügen auch andere qualitative Faktoren zum Wohlstand einer Gesellschaft bei. Nehmen Sie zu Danielas Meinung Stellung und erläutern Sie in diesem Zusammenhang das Konzept des „Net Economic Welfare".

6 Daniela Schaub ist mit der Entwicklung der Arbeitnehmerentgelte zufrieden. Ihrer Auffassung nach ist die Verteilungsposition der Arbeitnehmer konstant geblieben. Vollziehen Sie diese Behauptung anhand von Berechnungen der Lohn- und Gewinnquote für die Jahre 2013 bis 2015 nach.

Lernsituation 27: Konjunkturprozesse und Konjunkturindikatoren

Ausgangssituation: Die Wirtschaft schwankt!

Daniela Schaub und Peter Kraus setzen ihre volkswirtschaftlichen Studien fort. Um die zukünftigen Absatzmöglichkeiten in Deutschland, Frankreich, Spanien und den Niederlanden besser einschätzen zu können, hat Herr Kraus Zahlen zur Entwicklung des Bruttoinlandsproduktes herausgesucht. Er bittet Daniela, diese zu analysieren.

Daniela Schaub: „Was soll da schon groß bei herumkommen, Herr Kraus? Ländern, denen es heute gut geht, wird es auch in Zukunft gut gehen. Und Ländern, denen es heute schlecht geht, wird es in Zukunft schlecht gehen. Warum soll sich das ändern, dazu gibt es doch keinen Grund?"

Lernsituation 27

Peter Kraus: „Wenn Sie sich da mal nicht irren, Daniela. Haben Sie sich schon mal überlegt, warum Sie in Ihrem Ausbildungsjahr vier Auszubildende zum Industriekaufmann sind? Wir hatten auch schon Jahre, da haben wir nur einen Auszubildenden eingestellt."

Arbeitsaufträge

1 Die folgende Tabelle zeigt die Entwicklung des realen Bruttoinlandsproduktes in Mrd. EUR für vier europäische Länder zu unterschiedlichen Zeitpunkten. Übertragen Sie die Werte in die nachfolgenden Diagramme und verbinden Sie die einzelnen Punkte. Unterstellen Sie dabei einen kurvigen/geschwungenen Verlauf (Sinuskurve). Kennzeichnen Sie anschließend für die Zeiträume 0 bis 1, 1 bis 2, 2 bis 3 sowie 3 bis 4 die jeweiligen konjunkturellen Phasen des idealtypischen Konjunkturzyklus:

| Aufschwung/Expansion, | Hochkonjunktur/Boom, |
| Abschwung/Rezession, | Tiefstand/Depression |

Land	Zeitpunkt					
	0	0,5	1,5	2,5	3,5	4
Deutschland	2000	1980	1900	2000	2060	2050
Frankreich	1460	1440	1490	1520	1500	1480
Spanien	1000	1040	1060	1040	1010	1015
Niederlande	505	508	498	490	506	515

(Fiktive Zahlen)

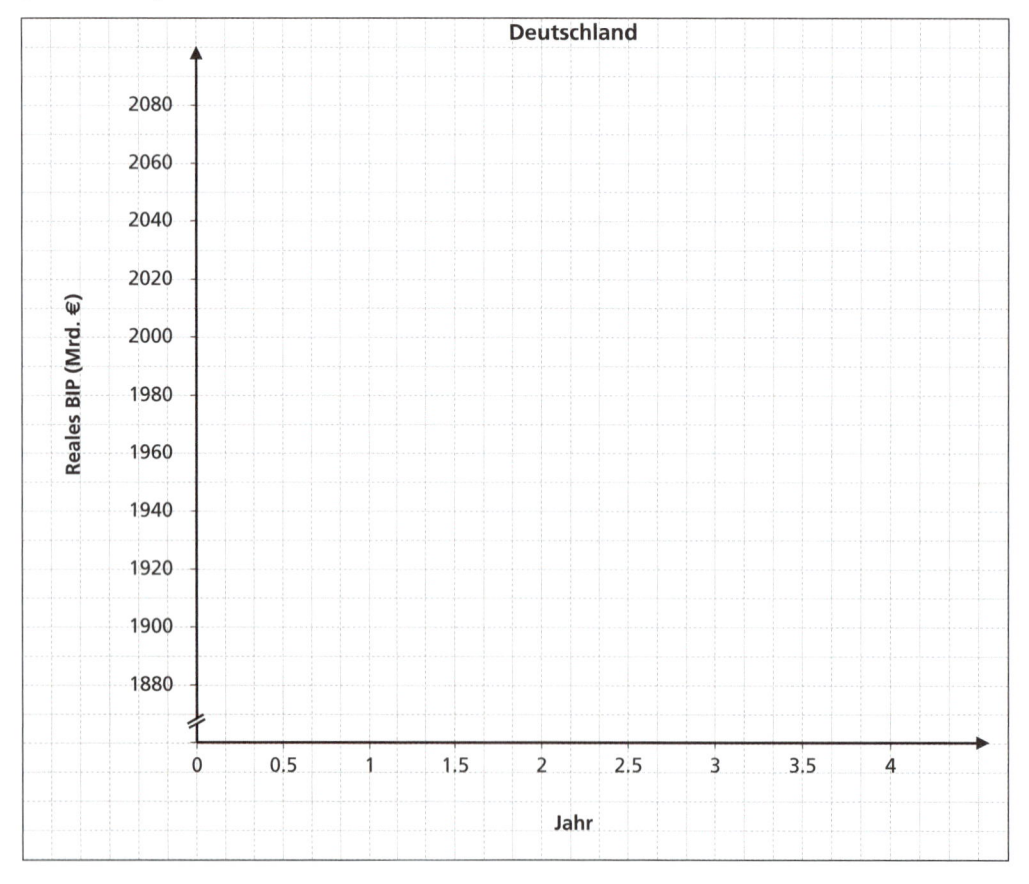

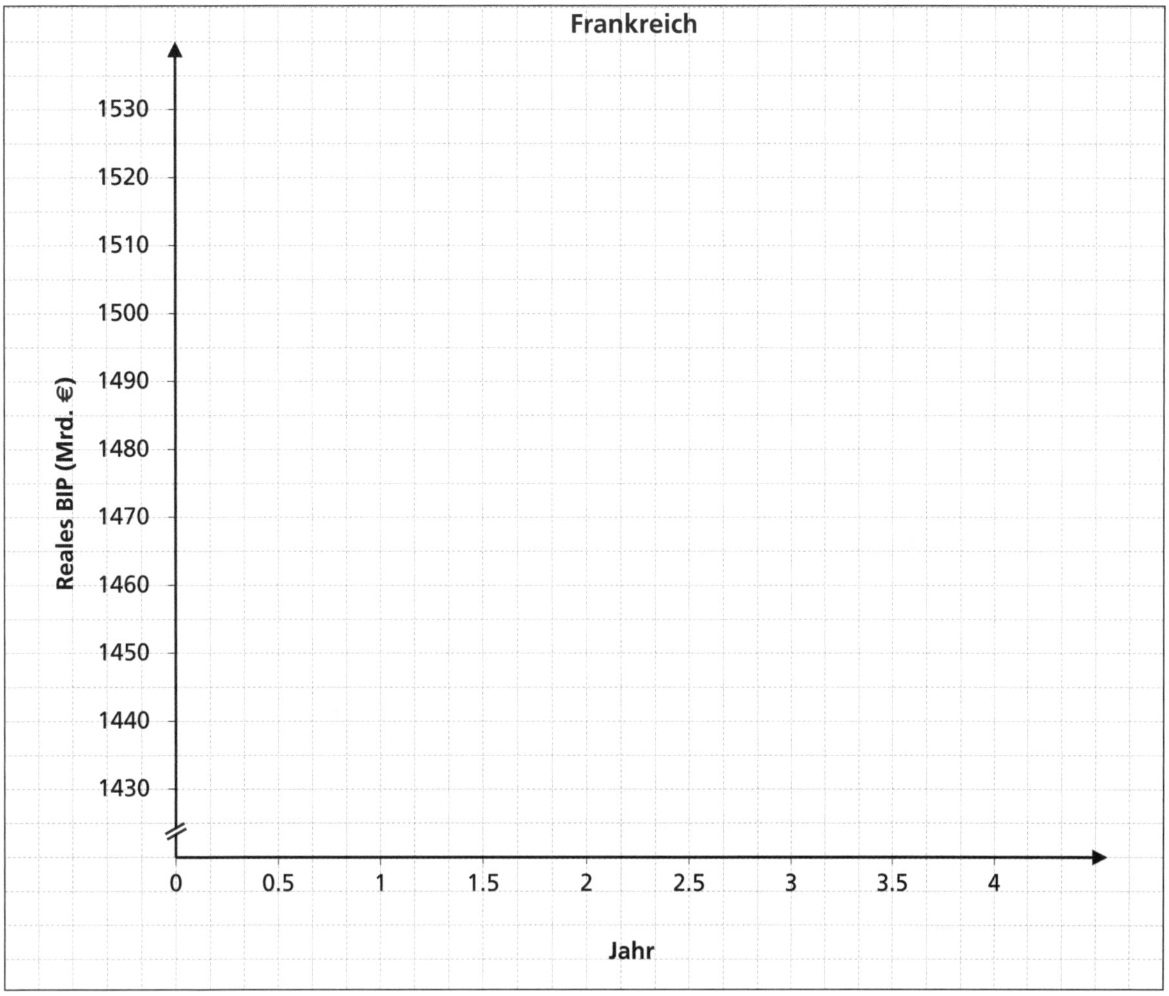
Frankreich
Reales BIP (Mrd. €)
1530
1520
1510
1500
1490
1480
1470
1460
1450
1440
1430
0
0.5
1
1.5
2
2.5
3
3.5
4
Jahr

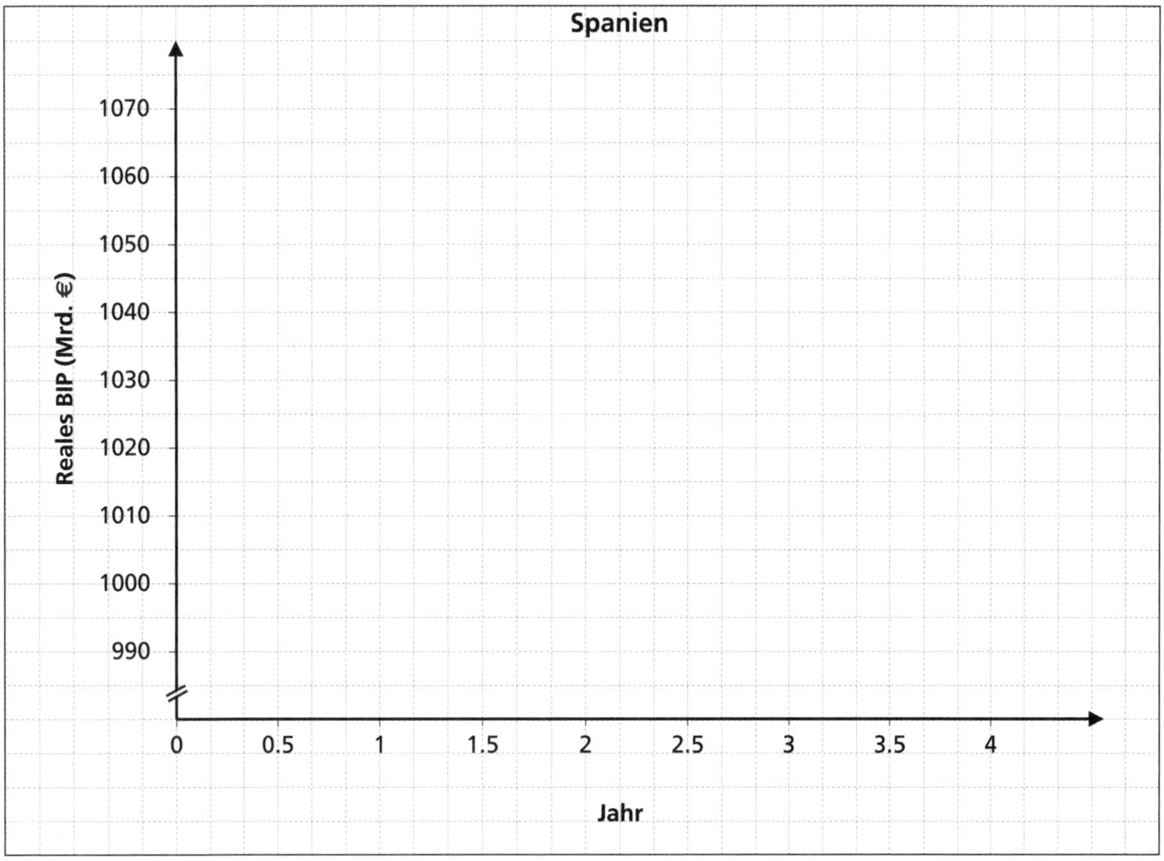
Spanien
Reales BIP (Mrd. €)
1070
1060
1050
1040
1030
1020
1010
1000
990
0
0.5
1
1.5
2
2.5
3
3.5
4
Jahr

Lernsituation 27

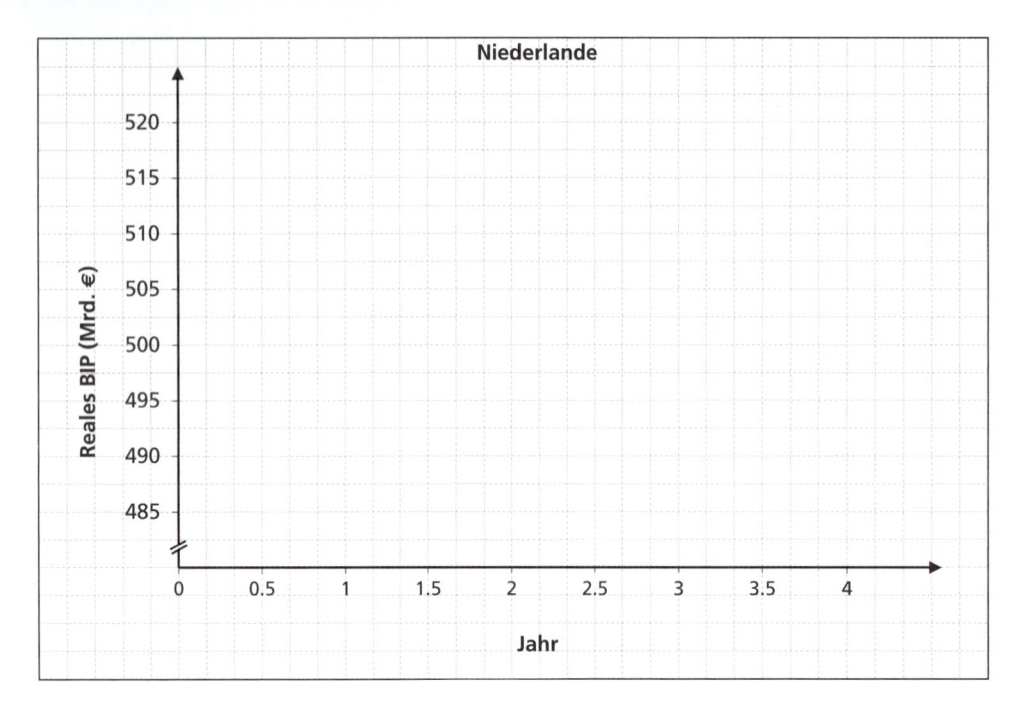

Niederlande (Diagramm: Reales BIP (Mrd. €) auf y-Achse von 485 bis 520, Jahr auf x-Achse von 0 bis 4)

2 Aus der Analyse wird deutlich, dass sich die Länder in unterschiedlichen konjunkturellen Phasen befinden. Ergänzen Sie in der folgenden Übersicht die voraussichtliche Ausprägung der einzelnen Konjunkturindikatoren in der jeweiligen Phase des idealtypischen Konjunkturzyklus.

Konjunkturindikator	Deutschland (Boom)	Frankreich (Rezession)	Spanien (Depression)	Niederlande (Expansion)
BIP				
Kapazitätsauslastung				
AL-Quote				
Preisniveau				
Lohnniveau				
Gewinne				
Zinsniveau				
Investitionstätigkeit				
privater Konsum				
Steueraufkommen				
Stimmungen und Erwartungen				
Aktienkurse				

3 Konjunkturindikatoren laufen der konjunkturellen Entwicklung voraus (Frühindikatoren), zeigen die aktuelle konjunkturelle Lage an (Gegenwartsindikatoren) oder laufen aufgrund von zeitlichen Verzögerungen der Konjunktur nach (Spätindikatoren). Nennen Sie jeweils zwei Beispiele für solche Indikatoren.

4 Der Konjunkturzyklus spiegelt die mittelfristige Entwicklung der Wirtschaft wider. Erläutern Sie, was man unter
   a) saisonalen Schwankungen und
   b) dem Wachstumstrend versteht.

Lernsituation 28: Fiskalpolitik als staatliche Wirtschaftspolitik

Ausgangssituation: Kanzler werden ist nicht schwer - Kanzler sein dagegen sehr!

Daniela Schaub ist immer noch erstaunt, wie unterschiedlich die Konjunktur in Deutschland, Frankreich, Spanien und den Niederlanden verläuft. „Wer soll denn da noch vernünftig seine Preise kalkulieren können. Wenn die Absatzmengen einbrechen, hat dies schließlich erhebliche Auswirkungen auf die Selbstkosten", berichtet sie Herrn Kraus. „Da haben Sie natürlich recht, Daniela. Ich denke, Sie wissen nun, wie wichtig es für uns ist, die konjunkturelle Situation zu analysieren. Wir müssen sie bei unserer Absatzplanung zwingend berücksichtigen", antwortet Herr Kraus. Als Daniela einen Moment darüber nachdenkt, meint sie: „Herr Kraus, diese Schwankungen und damit diese Planungsunsicherheit sind doch eigentlich unerträglich. Da müsste man doch was tun können?" „Richtig, Daniela", entgegnet Herr Kraus, „natürlich ist eine gleichmäßig wachsende Wirtschaft für uns viel besser. Aber das ist vor allem die Aufgabe der staatlichen Fiskalpolitik. Heute dürfen Sie mal für einen Tag Kanzlerin von Deutschland und Ministerpräsidentin von Spanien sein. Einfach wird das nicht!"

Hinweis: Die vorliegende Lernsituation greift die Ergebnisse der Lernsituation 27 auf. Beachten Sie, dass es sich in beiden Lernsituationen um fiktive Daten handelt.

Arbeitsaufträge

1 Zur Verstetigung des Konjunkturverlaufs werden für Deutschland und Spanien (vgl. Lernsituation S. 143 ff.) verschiedene fiskalpolitische Instrumente diskutiert.
   a) Begründen Sie, ob Deutschland und Spanien jeweils eine expansive (belebende) oder kontraktive (abschwächende) Fiskalpolitik betreiben sollten.
   b) Zur Umsetzung ihrer Überlegungen aus Aufgabenteil a) werden im Rahmen einer antizyklischen Fiskalpolitik in den beiden Ländern verschiedene Instrumente diskutiert. Ergänzen Sie in der nachfolgenden Tabelle, wie die Instrumente vor dem Hintergrund der konjunkturellen Situation eingesetzt werden sollten.

Instrumente	Deutschland (Boom)	Spanien (Depression)
Löhne und Gehälter für Staatsbedienstete		
Umsatzsteuer		
Wohngeld		

Lernsituation 28

Instrumente	Deutschland (Boom)	Spanien (Depression)
Einkommenssteuer		
Sonderabschreibungen		
Kindergeld		
Investitionszulagen und -zuschüsse		
Konjunkturausgleichsrücklage		
Körperschaftssteuer		
Degressive Abschreibung (Regelung: Das 2,5-Fache des linearen Satzes, max. 25 %)		
Öffentliche Investitionen		
Arbeitnehmersparzulage		

2 Für Spanien ist es aufgrund der angespannten Haushaltslage nicht möglich, sämtliche fiskalpolitischen Maßnahmen umzusetzen.
   a) Erläutern Sie, welche Regelungen zur Staatsverschuldung auf europäischer Ebene gelten und wie diese Regelungen in deutsches Recht umgesetzt worden sind.
   b) Diskutieren Sie die Probleme des Einsatzes der aufgeführten fiskalpolitischen Instrumente und treffen Sie eine begründete Entscheidung für drei Instrumente, die Sie als Ministerpräsident/-in von Spanien einsetzen würden.

3 Stellen Sie neben der Staatsverschuldung weitere Grenzen einer nachfrageorientierten staatlichen Fiskalpolitik dar.

4 Spanien erwägt, ergänzend Elemente einer angebotsorientierten Politik zur Verbesserung der Angebotsbedingungen umzusetzen. Erläutern Sie verschiedene Instrumente einer solchen angebotsorientierten Politik und diskutieren Sie Probleme des Einsatzes dieser Instrumente.

Lernsituation 29: Die Geldpolitik des Europäischen Systems der Zentralbanken (ESZB)

Ausgangssituation: Man kann's nicht jedem recht machen!

Nachdem Daniela Schaub und Peter Kraus die Möglichkeiten und Grenzen der Fiskalpolitik ausgelotet haben, treffen sie sich erneut, um ihre volkswirtschaftlichen Analysen fortzusetzen.

Daniela Schaub: „Kanzlerin zu sein ist doch nicht so einfach, Herr Kraus. Wenn die Kassen wie in Spanien leer sind, ist das wohl wirtschaftspolitisch der undankbarste Job."

Peter Kraus: „Da haben Sie wohl recht, aber Präsidentin der EZB zu sein, steht dem in nichts nach. Stellen Sie sich mal vor, Sie müssten eine einheitliche Geldpolitik für Deutschland, das sich in einer Boomphase, und Spanien, das sich in einer Depression befindet, betreiben."

Daniela Schaub: „Das kann doch wohl nicht so schwer sein. Man lässt die Druckerpresse ein wenig laufen und schon ist die Wirtschaft mit Geld versorgt. Lässt man sie ein wenig mehr laufen, dann kann man sogar noch die Konjunktur ankurbeln."

Peter Kraus: „Ganz so einfach ist das nicht, Daniela. Sie vergessen, dass die oberste Zielsetzung der EZB die Preisniveaustabilität ist. Die EZB betreibt natürlich im Rahmen ihrer Möglichkeiten auch Konjunkturpolitik. Dabei darf sie aber nie ihre oberste Zielsetzung aus den Augen verlieren. Außerdem kann die EZB das Geld nicht mit dem Helikopter über das Land verstreuen. Sie muss die Geldmenge sorgsam steuern und setzt dazu verschiedene Instrumente ein. Vielleicht haben Sie in den Nachrichten schon mal vom europäischen Leitzins gehört?"

Daniela Schaub: „Ja, Herr Kraus, davon habe ich schon mal was gehört. Allerdings habe ich nicht verstanden, was er bedeutet. Muss immer alles so kompliziert sein?"

Hinweis: Die vorliegende Lernsituation 29 greift die Ergebnisse der Lernsituation 27 und 28 auf. Beachten Sie, dass es sich in diesen drei Lernsituationen um fiktive Daten handelt.

Arbeitsaufträge

1 Erläutern Sie die wesentlichen Zielsetzungen und Aufgaben der Europäischen Zentralbank (EZB). Begründen Sie in diesem Zusammenhang, warum der Preisniveaustabilität eine herausragende Rolle zukommt.

2 Stellen Sie den Aufbau der EZB sowie die Zuständigkeiten der einzelnen Organe dar.

3 Damit die EZB durch ihre Geldpolitik die Geldmenge steuern kann, muss sie deren Höhe messen. Dabei unterscheidet die EZB zwischen den Geldmengen M1, M2 und M3.
   a) Berechnen Sie die unterschiedlichen Geldmengen aufgrund der folgenden Angaben:
   - Repogeschäfte: 400,00 Mrd. €
   - Termineinlagen (Laufzeit ≤ 2 Jahre): 2 000,00 Mrd. €
   - Sichteinlagen von Nichtbanken: 4 000,00 Mrd. €

- kurzfristige Bankschuldverschreibungen (Laufzeit ≤ 2 Jahre): 250,00 Mrd. €
- Spareinlagen (Kündigungsfrist ≤ 3 Monate): 2 000,00 Mrd. €
- Bargeld außerhalb des Bankensektors: 800,00 Mrd. €
- Geldmarktfondsanteile: 500,00 Mrd. €

Geldmenge	Bestandteile	Mrd. €
M 1		
	+	
	= Geldmenge M1:	
M2	M 1	
	+	
	+	
	= Geldmenge M2	
M3	M2	
	+	
	+	
	+	
	= Geldmenge M3	

b) Erläutern Sie die grundsätzlichen Unterschiede in den Geldmengendefinitionen und stellen Sie fest, welche Geldmenge die EZB ihren geldpolitischen Entscheidungen zugrunde legt.

4 Damit Geld überhaupt in Umlauf kommt und die Geldmenge wachsen kann, muss es zunächst „geschöpft" werden. Dieser Prozess findet bei der EZB durch Ankauf von Wertpapieren oder Kreditvergabe gegen Sicherheiten statt. Verdeutlichen Sie den Prozess der Zentralbankgeldschöpfung (Zentralbankgeld = Bargeldumlauf + Sichtguthaben bei der EZB) und der Zentralbankgeldvernichtung, indem Sie die Pfeile in den Schaubildern korrekt beschriften.
① Wertpapiere und Kreditsicherheiten (2x)
② Zentralbankgeldschöpfung = Guthaben bei der EZB steigt
③ Zentralbankgeldvernichtung = Guthaben bei der EZB sinkt

Zentralbankgeldschöpfung der EZB

Geschäftsbank ⇄ EZB

Zentralbankgeldvernichtung der EZB

Geschäftsbank ⇄ EZB

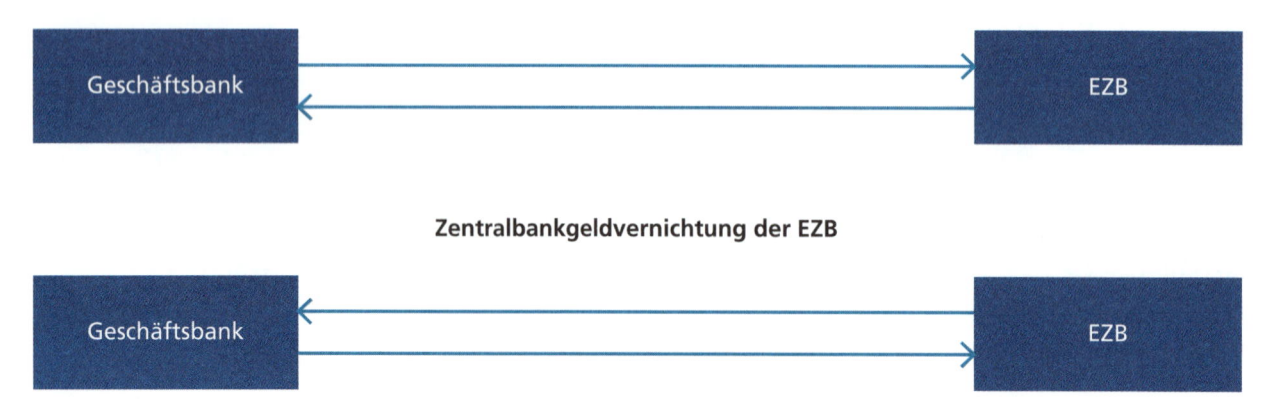

5 Neben der EZB schöpfen auch die Geschäftsbanken Geld, wie das folgende Beispiel verdeutlicht:
Die Sommerfeld Bürosysteme GmbH tätigt bei der Bank A eine Einlage von 20 000,00 €. Die Bank ist verpflichtet, auf diese Einlage eine Mindestreserve von 1 % zu unterhalten. Den Rest, die sogenannte Überschussreserve, vergibt sie als Kredit an einen Kunden. Dieser bezahlt damit eine Handwerkerrechnung bei einem Lieferanten, der ein Konto bei der Bank B unterhält. Die Bank B vergibt diese Einlage

nach Abzug der Mindestreserve wiederum als Kredit an einen Kunden, der damit eine Rechnung bei einem Lieferanten bezahlt. Der Lieferant unterhält das Konto bei der Bank C usw. Dieser Prozess setzt sich fort, bis die komplette ursprüngliche Einlage von 20 000,00 € als Mindestreserve unterhalten wird. Stellen Sie den Prozess der Geldschöpfung mithilfe der folgenden Tabelle dar und berechnen Sie den Geldschöpfungsmultiplikator, die maximale Geldschöpfung sowie die gesamte durch zusätzliche Kreditvergabe geschöpfte Geldmenge.

Geschäftsbank	Einlage	Mindestreserve	Überschussreserve (= Kreditvergabe
Bank A			
Bank B			
Bank C			
Bank D			
...	...	...	...
Summe			

Geldschöpfungsmultiplikator =

Maximale Geldschöpfung =

Zusätzliche Kreditvergabe =

6 Die EZB betreibt durch Zentralbankgeldschöpfung oder -vernichtung je nach Preisniveau eine expansive oder restriktive Geldpolitik.
  a) Verdeutlichen Sie den Wirkungsmechanismus einer solchen Politik, indem Sie in der Spalte Wirkung die entsprechenden Pfeile (↑↓) eintragen.

expansive Geldpolitik	Wirkung	restriktive Geldpolitik	Wirkung
Geldangebot ↓		Geldangebot ↓	
Zinsen ↓		Zinsen ↓	
Kreditnachfrage ↓		Kreditnachfrage ↓	
Investitions- und Konsumgüternachfrage ↓		Investitions- und Konsumgüternachfrage ↓	
Preisniveau		Preisniveau	

b) Geben Sie eine Empfehlung, welche Geldpolitik für Deutschland (Boom) und Spanien (Depression) sinnvoll wäre. Die Preissteigerungsrate in Deutschland beträgt 4 %, die Spaniens 0,2 %.

c) Die EZB betreibt eine einheitliche Geldpolitik für den gesamten Euroraum. Erläutern Sie anhand Ihrer Ergebnisse zu b) das „Dilemma" der EZB und zeigen Sie mögliche Lösungsansätze auf.

7 Aufgrund der Analyse wirtschaftlicher Entwicklungen und monetärer Trends in der Eurozone hat sich die EZB entschieden, eine leicht restriktive Geldpolitik zu betreiben und ihr Instrumentarium entsprechend einzusetzen.

a) Ergänzen Sie die folgende Übersicht, indem Sie die einzelnen Instrumente beschreiben.

Geldpolitische Instrumente der EZB zur Steuerung der Geldmenge

Ständige Fazilitäten	
Ständige Fazilitäten sind eine Art „Kontokorrentkonto der Kreditinstitute"	
Spitzenrefinanzierungsfazilität	Einlagenfazilität

Mindestreserven

Offenmarktgeschäfte	
Durch Geschäfte „am offenen Markt" schöpft oder vernichtet die EZB Zentralbankgeld	
Hauptrefinanzierungsgeschäfte	Feinsteuerungsoperationen
Längerfristige Refinanzierungsgeschäfte	Strukturelle Operationen

b) Ergänzen Sie die folgende Tabelle indem Sie angeben, wie die wichtigsten geldpolitische Instrumente expansiv oder restriktiv eingesetzt werden.

Instrument	expansiver Einsatz	restriktiver Einsatz
Spitzenrefinanzierungsfazilität		
Einlagenfazilität		
Mindestreserven		
Hauptrefinanzierungsgeschäfte		
Längerfristige Refinanzierungsgeschäfte		

8 Abgewickelt werden die Refinanzierungsgeschäfte im Tenderverfahren.
  a) Im Rahmen des Hauptrefinanzierungsgeschäftes stellt die EZB ein Geldvolumen von 9 Mrd. € als Mengentender zur Verfügung. Der Zinssatz beträgt 0,75 % bei einer Laufzeit von einer Woche. Berechnen Sie die Zuteilungsquote und anschließend das zugeteilte Volumen für die Banken A bis E. Der EZB liegen u. a. folgende Gebote vor:

Bank	Gebot in Mio. €	Zuteilung in Mio. €
Bank A	568,00	
Bank B	324,00	
Bank C	789,00	
Bank D	234,00	
Bank E	356,00	
...	...	
Summe	12 000,00	

Zuteilungsquote:

b) Die EZB legt im Rahmen des Hauptrefinanzierungsgeschäftes einen Zinstender auf. Der Mindestzinssatz beträgt 0,5 % bei einem Volumen von insgesamt 15,00 Mrd. €. Es liegen folgende Gebote vor:

Bank	Gebote in Mio. €		
	1 %	0,75 %	0,50 %
Bank A	550,00	600,00	750,00
Bank B	450,00	500,00	600,00
Bank C	300,00	450,00	800,00
Bank D	400,00	500,00	550,00
Bank E	300,00	350,00	400,00
...	...	...	...
Summe	4 000,00	5 000,00	8 000,00

Nehmen Sie mithilfe der folgenden Tabelle eine Zuteilung der Gebote nach der Höhe des gebotenen Zinssatzes vor. Die höchsten Gebote werden zuerst bedient. Zum Grenzzins erfolgt eine quotenmäßige Zuteilung. Es wird nach dem holländischen Verfahren zugeteilt.

Bank	Zuteilung in Mio. €			
	1 %	0,75 %	0,50 %	Gesamt
Bank A				
Bank B				
Bank C				
Bank D				
Bank E				
...				
Summe				15 000,00

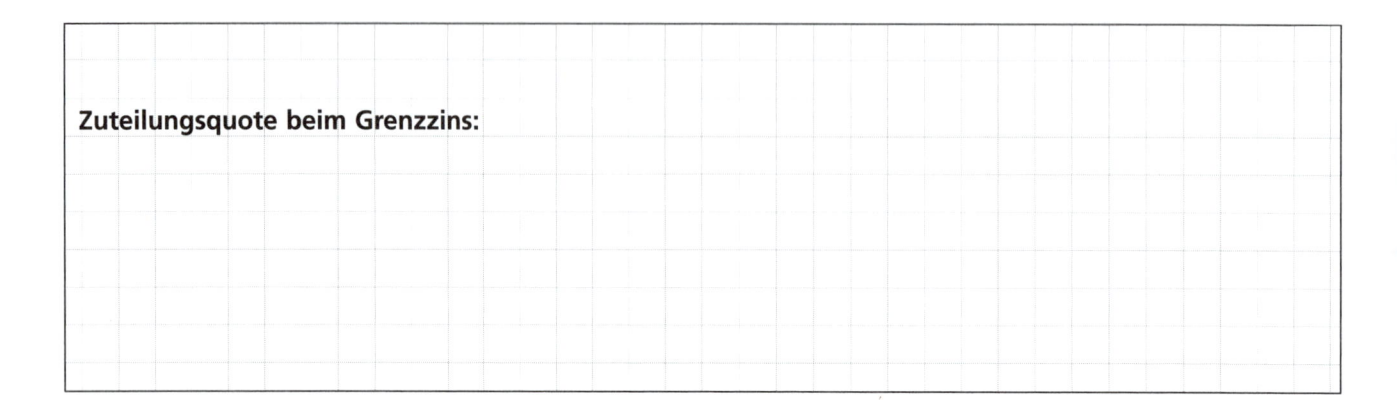

Zuteilungsquote beim Grenzzins:

Lernsituation 30: Geschäftsprozesse mit Projekten steuern

Ausgangssituation: Die Abschlussprüfung steht vor der Tür

Rund zweieinhalb Jahre sind nunmehr vergangen. Die Gedanken von Rudolf Heller und Daniela Schaub drehen sich mehr und mehr um die bevorstehende Abschlussprüfung. Doch während sie über die schriftliche Prüfung schon relativ gut informiert sind, bereitet ihnen die praktische Prüfung zunehmend Bauchschmerzen. „Einsatzgebiet festlegen, Fachaufgabe aussuchen, Antrag stellen, Report verfassen, Präsentation erstellen, auf das Fachgespräch vorbereiten und, und, und. Ich weiß wirklich nicht, wie ich das alles hinbekommen soll", klagt Rudolf. „Richtig glücklich bin ich auch nicht, wenn ich daran denke. Aber mir ist da eine Idee gekommen. Was hältst du davon, wenn wir unsere praktische Prüfung einfach als ‚Projekt' verstehen und unsere Vorgehensweise entsprechend planen?"

Arbeitsaufträge

1 Nennen Sie die grundsätzlichen Merkmale eines Projektes und erläutern Sie deren Ausprägung in Bezug auf Ihre praktische Abschlussprüfung.

Projektmerkmale	Ausprägung

2 Erläutern Sie die einzelnen Phasen eines Projektes und deren Ausprägung in Bezug auf Ihre praktische Abschlussprüfung.

Projektphase	Ausprägung

3 Erstellen Sie einen Projektauftrag für Ihr Projekt „Praktische Abschlussprüfung". Orientieren Sie sich dabei an dem Beispiel auf Lehrbuch Seite 420.

Projektauftrag	
Projekttitel	
Start	
Projektleitung	
Projektauftraggeber	

Projektauftrag	

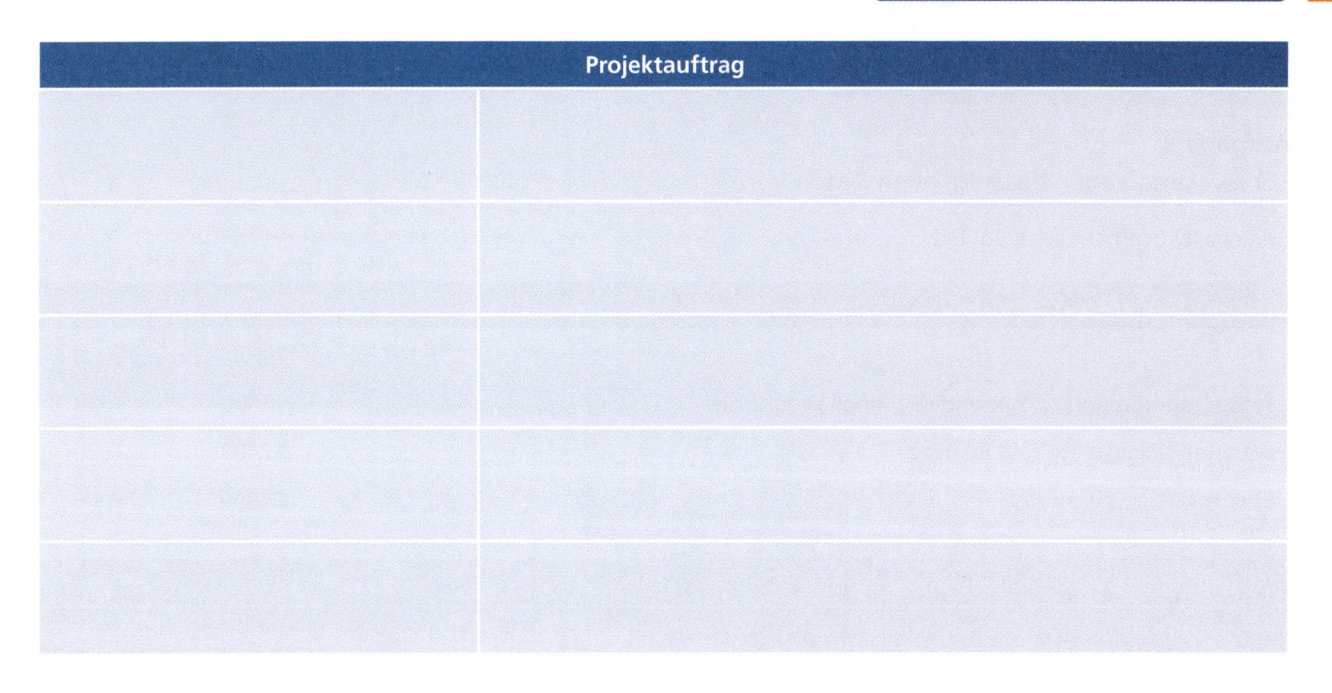

4 Führen Sie Ihr Projekt „Praktische Abschlussprüfung" durch. Orientieren Sie sich dabei an den Lehrbuchseiten 433–441. Viel Erfolg!

Aufgaben zur Prüfungsvorbereitung

Aufgabe 1
Für ein Land liegen die folgenden Daten vor:

Erwerbstätigenstruktur in Tsd.

Erwerbstätigenstruktur in Tsd.		
	20(0)	20(+1)
Selbstständige und mithelfende Familienangehörige	2 600	3 000
Arbeiter, Angestellte und Beamte	17 400	22 000
Erwerbstätige insgesamt	20 000	25 000

Verteilung des Volkseinkommens in Mrd. €			
Jahr	Volkseinkommen		
	insgesamt	davon aus Unternehmertätigkeit und Vermögen	davon aus unselbstständiger Arbeit
20(0)	1 500,00	450,00	1 050,00
20(+1)	2 000,00	640,00	1 360,00

Beurteilen Sie mithilfe geeigneter Relationen die Einkommensverteilung. Gehen Sie dabei auch auf die Grenzen Ihrer Beurteilung ein.

Aufgabe 2
Um die hohe Arbeitslosigkeit abzubauen, möchte der Staat den Export deutscher Waren durch den Abbau von Exportbeschränkungen für Ausfuhren fördern. Erläutern Sie die Auswirkungen dieser geplanten Maßnahme auf andere Zielsetzungen des Stabilitätsgesetzes.

Aufgabe 3
Erläutern Sie, ob die folgenden Sachverhalte (unter sonst gleichen Bedingungen)
1 eine inflatorische,
2 eine deflatorische,
3 weder eine inflatorische noch deflatorische,
Wirkung haben.
a) Der Staat schafft die degressive Abschreibung für Unternehmen ab.
b) Gewerkschaften setzen Lohnerhöhungen gemäß dem Produktivitätszuwachs durch.
c) Der Staat führt eine Abwrackprämie ein.
d) Die Geldpolitik der EZB führt zu einer überproportionalen Ausweitung der Geldmenge.
e) Das Preisniveau im Ausland steigt bei konstanten Wechselkursen schwächer als im Inland.
f) Die Umlaufgeschwindigkeit des Geldes erhöht sich.
g) Der Staat zieht Investitionsvorhaben aufgrund der schwachen konjunkturellen Lage vor.

Aufgabe 4
Die Preisniveauentwicklung wird durch das Verhältnis von Geld- und Gütermenge beeinflusst. Die folgenden Abbildungen stellen die Entwicklung der Geld- und Gütermenge in einem Jahr dar. Erläutern Sie anhand der Abbildungen 1 und 2, ob für das Jahr (unter sonst gleichen Bedingungen) eine inflatorische oder deflatorische Entwicklung dargestellt wird.

Abbildung 1

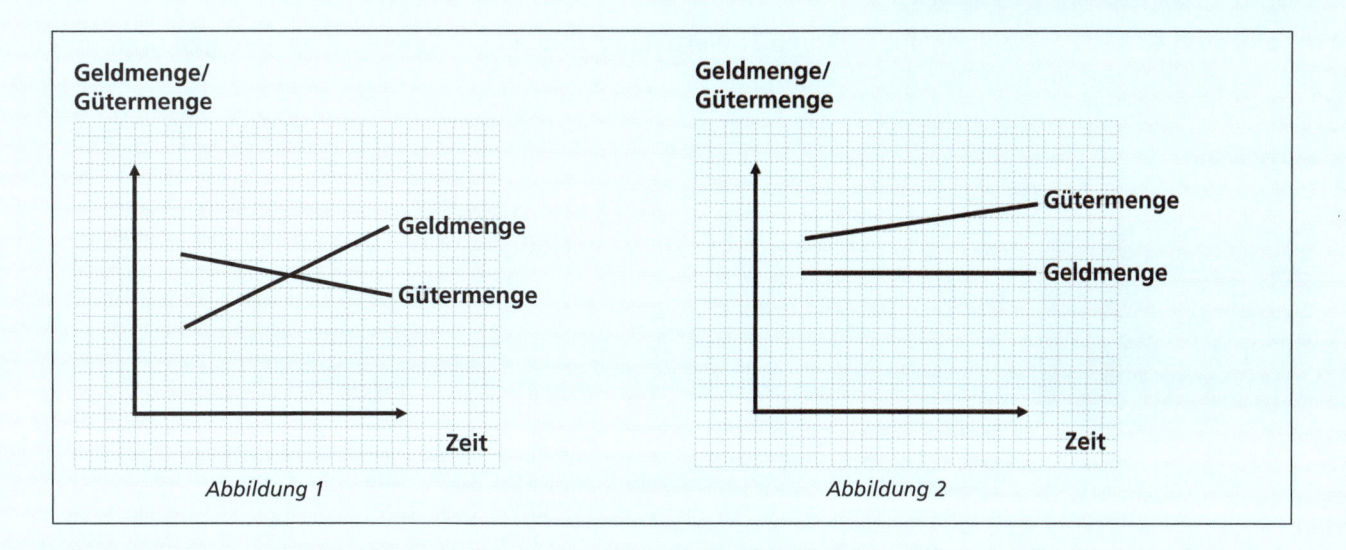

Abbildung 2

Aufgabe 5
Geld bleibt nur dann im Wert stabil, wenn es bestimmte Funktionen erfüllt. Erläutern Sie die Funktion, die durch die folgenden Sachverhalte überwiegend angesprochen wird.
a) In der Preisliste der Sommerfeld Bürosysteme GmbH wird der Modus Drehsessel mit 989,50 € ausgewiesen.
b) Die Farbenwerke Wilhelm Weil AG liefert Lacke an die Sommerfeld Bürosysteme GmbH. Sie stellt eine Rechnung über 1 010,00 €.
c) Die Sommerfeld Bürosysteme GmbH begleicht die Rechnung unter Abzug von Skonto.
d) Beglichen wurde die obige Rechnung per Überweisung.
e) Die Sommerfeld Bürosysteme GmbH legt 30 000,00 € für ein Jahr als Festgeld an.
f) Löhne und Gehälter berechnet die Sommerfeld Bürosysteme GmbH in €.

Aufgabe 6
Erläutern Sie, welche Art von Arbeitslosigkeit vorliegt.
a) Aufgrund von zeitweise nachlassender Nachfrage werden weniger Güter und Dienstleistungen hergestellt. Es kommt zu Entlassungen.
b) Die Hotel- und Gastronomieauslastung in einer Urlaubsregion lässt im Winter nach. Es kommt zu Entlassungen.
c) Häufig tritt nach Beendigung der Berufsausbildung bis zum Antritt einer neuen Stelle eine vorübergehende Arbeitslosigkeit auf.
d) In den 70er- und 80er-Jahren kam es im Ruhrgebiet aufgrund der Kohle- und Stahlkrise zu vermehrten Entlassungen.

Aufgabe 7
Es liegen folgende Daten für ein Bundesland vor:

Bevölkerung	Erwerbspersonen	Erwerbstätige/Beschäftigte
17 000 000	8 900 000	8 200 000

Ermitteln Sie die Erwerbs- und die Arbeitslosenquote.

Aufgabe 8
Für eine Volkswirtschaft gelten folgende Daten:

Jahr	20(0)	20(+1)	20(+2)
reales Volkseinkommen	2 000,30	2 050,50	2 021,30
Arbeitnehmerentgelt	1 299,30	1 320,50	1 350,40
Unternehmens- und Vermögenseinkommen	701,00	730,00	709,90

Analysieren Sie die Entwicklung der Einkommensverteilung anhand geeigneter Berechnungen und führen Sie mögliche Ursachen für diese Entwicklung an.

Aufgabe 9
Die Statistik eines Landes weist die folgenden Zahlen aus.

Jahr	20(0)	20(+1)	20(+2)	20(+3)
BIP nominal (Mio. €)	540,00	545,00	567,20	588,30
Preisniveau (%)	100,00	102,10	103,70	104,20

a) Berechnen Sie für die Jahre 20(+1) bis 20(+3) das reale Bruttoinlandsprodukt in Bezug auf das Basisjahr 20(0).

b) Ermitteln Sie die jährliche Wachstumsrate des realen Bruttoinlandsproduktes für die Jahre 20(+1), 20(+2) und 20(+3).

Aufgabe 10
Transaktionen mit dem Ausland werden in den Teilbilanzen der Zahlungsbilanz erfasst. Ordnen Sie die folgenden Ziffern den Vorgängen a) bis e) zu:
1 Handelsbilanz
2 Dienstleistungsbilanz
3 Kapitalbilanz
4 Devisenbilanz

a) Deutsche machen Urlaub in Spanien.
b) Geldanlage bei einer Schweizer Bank
c) Warenexporte in die USA
d) Ein deutsches Unternehmen erwirbt ein englisches Unternehmen mit Sitz in London.
e) Die Zentralbank verkauft Goldbestände.

Aufgabe 11
Deutschland weist traditionell eine aktive Handelsbilanz aus. Erläutern Sie die Folgen für
a) die Beschäftigung,
b) das Preisniveau,
c) den Devisenzufluss,
d) die Leistungsbilanz.

Aufgabe 12
Ordnen Sie den folgenden Sachverhalten eine Konjunkturphase zu.
a) Das Preis- und Zinsniveau erreicht seinen Höchststand.
b) Die Kapazitätsausleistung der Wirtschaft lässt nach.
c) Die Konsumgüternachfrage der privaten Haushalte steigt.
d) Das Zinsniveau und das Bruttoinlandsprodukt haben ein extrem niedriges Niveau.
e) Die Investitionsgüternachfrage lässt nach.
f) Es herrscht Voll-/Überbeschäftigung.

Aufgabe 13
Die folgende Abbildung stellt den Konjunkturzyklus einer Volkswirtschaft dar: Ordnen Sie den Ziffern 1–6 die folgenden Begriffe zu: Rezession, Boom, Wachstumstrend, Depression, reales Bruttoinlandsprodukt, Expansion.

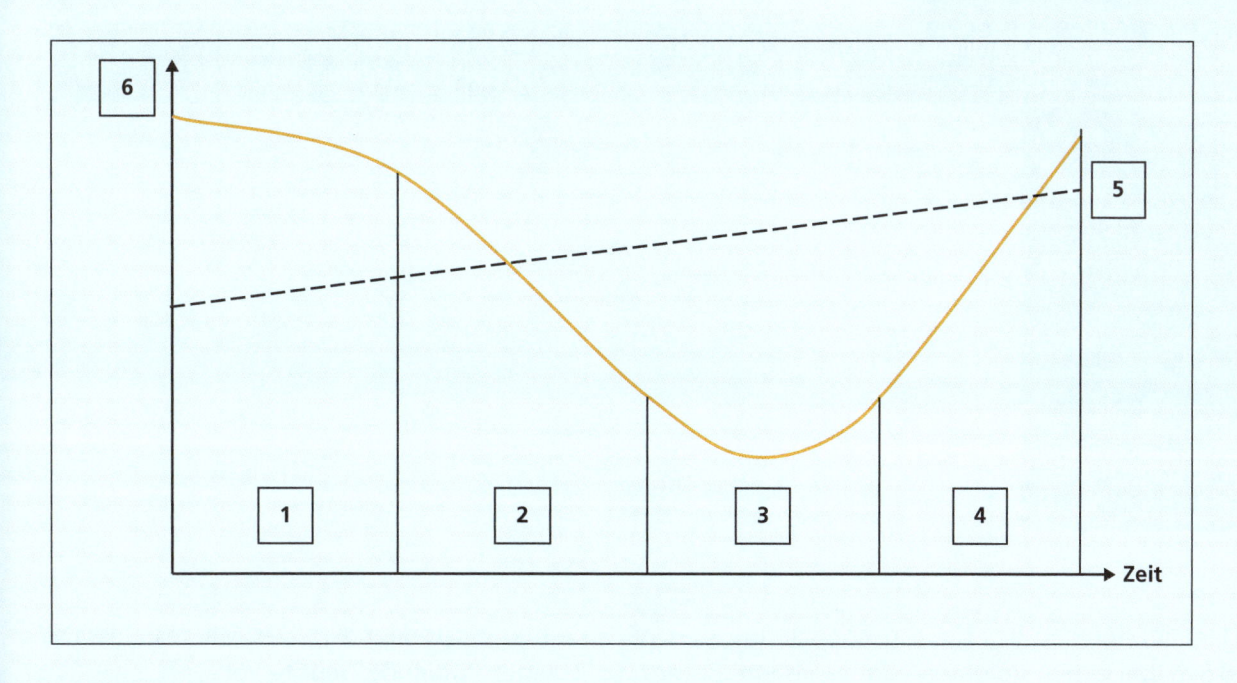

Aufgabe 14
Erklären Sie, ob es sich bei den folgenden Konjunkturindikatoren um einen Früh-, Gegenwarts- oder Spätindikator handelt.
a) Aktienkurse
b) Steuereinnahmen
c) Lagerbestände
d) Lohnentwicklung
e) Auftragseingänge

Aufgaben 15
Erläutern Sie, ob die folgenden Maßnahmen konjunkturbelebend oder konjunkturdämpfend wirken.
a) Senkung der Mehrwertsteuer
b) Auflösung der Konjunkturausgleichsrücklage
c) Gewährung von Investitionszuschüssen
d) Senkung der Staatsausgaben
e) Erhebung einer Investitionsabgabe
f) Erweiterung der Abschreibungsmöglichkeiten

Aufgaben 16
Im Gegensatz zur nachfrageorientierten Fiskalpolitik stärkt eine angebotsorientierte Politik die Gewinnaussichten und die Angebotsbedingungen der Unternehmen. Erläutern Sie vier Merkmale einer solchen Politik.

Aufgabe 17
Bei der Bank A wird eine Einlage von 15 000,00 € getätigt. Die Bank ist verpflichtet, auf diese Einlage eine Mindestreserve von 4 % zu unterhalten. Den Rest vergibt sie als Kredit an einen Kunden. Dieser bezahlt damit eine Handwerkerrechnung bei einem Lieferanten, der ein Konto bei der Bank B unterhält. Diese vergibt wiederum einen Kredit an einen Kunden, der damit eine Rechnung bei einem Lieferanten bezahlt. Der Lieferant unterhält das Konto bei der Bank C usw. Dieser Prozess setzt sich fort, bis die komplette ursprüngliche Einlage von 15 000,00 € als Mindestreserve unterhalten wird.
Stellen Sie den Prozess der Geldschöpfung mithilfe der folgenden Tabelle dar und berechnen Sie die komplette Geldschöpfung bzw. Kreditschöpfung.

Geschäftsbank	Einlage	Mindestreserve	Überschussreserve (= Kreditvergabe)
Bank A			
Bank B			
Bank C			
Bank D			
...	...	...	...
Summe			

Aufgabe 18

Die EZB legt im Rahmen des Hauptrefinanzierungsgeschäftes einen Zinstender auf. Der Mindestzinssatz beträgt 0,5 % bei einem Volumen von insgesamt 12 Mrd. €. Es liegen folgende Gebote vor:

	Gebote in Mio. €		
Bank	1 %	0,75 %	0,50 %
Bank A	400,00	500,00	650,00
Bank B	200,00	300,00	400,00
Bank C	600,00	650,00	700,00
Bank D	300,00	400,00	500,00
Bank E	200,00	250,00	300,00
...	...	...	...
Summe	4 500,00	5 500,00	6 500,00

Nehmen Sie eine Zuteilung nach dem amerikanischen Verfahren vor.

Aufgabe 19

Die EZB ist für die Stabilität des Preisniveaus verantwortlich. Dazu setzt sie ihre Instrumente restriktiv oder expansiv ein. Beschreiben Sie, wie die folgenden Instrumente im Sinne einer restriktiven oder expansiven Geldpolitik eingesetzt werden sollen.

Instrument	Expansiver Einsatz	Restriktiver Einsatz
Spitzenrefinanzierungsfazilität		
Einlagenfazilität		
Mindestreserven (MR)		
Hauptrefinanzierungsgeschäfte		
Längerfristige Refinanzierungsgeschäfte		

Bildquellenverzeichnis

Behrla/Nöhrbaß GbR, Foto Stephan, Köln/Bildungsverlag EINS, Köln: S. 9_1, 10, 20, 55, 59, 63, 64, 70, 86, 92, 93, 95, 108, 111, 114, 121, 122, 129, 133, 143, 147, 155

dpa-infografik GmbH, Hamburg: S. 34, 53 (2x), 132

fotolia.com: Cover (auremar), S. 9_2 (Kheng Guan Toh), 13 (drizzd), 28 (bezidroglio), 36 (XtravaganT), 42_1 (Erhan Ergin), 42_2 (nataliasheinkin), 42_3 (amornism), 136 (Oliver Boehmer), 149 (VRD), 157 (Robert Kneschke)

Flughafen Köln/Bonn GmbH: S. 12

MEV Verlag GmbH, Augsburg: Cover (Hintergrund)

Wilkening + Hahne GmbH & Co. KG, Bad Münder, www.wilkhahn.com: S. 47